KB274059

러시아의 신임 대통령

푸틴과 제국의 미래

수호령 인터뷰

러시아의 신임 대통령
푸틴과 제국의 미래
수호령 인터뷰

오오카와 류우호오 지음

안 미 현 옮김

가림출판사

책머리에

블라디미르 푸틴이 삼선에 성공하며 러시아 대통령으로 복귀했다. 이 책은 그가 다시 대통령이 된 것이 국제 정세에, 그리고 일본에 좋은 일인지 나쁜 일인지 점쳐본 내용이다. 얼마 전에 간행된 《넥스트 프레지던트》, 《넥스트 프레지던트 2》는 미국 공화당 대통령 후보의 영사(靈査)였는데 미국, 중국, 러시아, 대만 지도자의 영사도 아울러 진행되었다.

결론부터 말하자면, 일본과 러시아의 관계는 일본의 국방에 매우 중요하다.

이 책에서 러시아의 푸틴 대통령이 친일파이며 그 이유는 그가 과거 일본 도쿠가와 시대의 8대 장군 요시무네였기 때문이라는 점을 밝혀냈다. 이 책은 미래에 반드시 일본과 러시아 양국의 가교 역할을 해낼 것이다.

2010년 10월 26일
행복실현당 창립자 겸 당 명예총재
오오카와 류우호오

Contents | 차례

4 러시아의 미래와 국제 정세 전망

05 러시아 경제 발전의 목적은 무엇인가?

‘영언(靈言)현상’ 이란 저 세상에 있는 영 존재의 말을 대신해서 말하는 현상이다. 이는 고도의 깨달음을 얻은 자에게 특별히 나타나는 것으로, ‘영매현상(靈媒現象 : 트랜스 상태-정상적인 의식이 아닌 상태. 최면 상태나 히스테리 상태에서 나타나는데, 외부 세계와 접촉을 끊고 깊은 명상 상태에 들어가 특수한 희열에 잠기는 것을 이른다-가 되어 의식을 잃고 영이 일방적으로 말하는 현상)’ 과는 다르다. 외국인의 영(靈)이 영언할 때는 영언현상을 행하는 자의 언어중추에서 필요한 말을 골라내어 일본어로 말할 수 있다. 인간의 혼은 여섯 명의 그룹으로 되어 있으며, 저 세상에 남아 있는 ‘혼의 형제’ 중 한 명이 이 세상에서 수행하는 본인의 수호령을 맡고 있다. 즉 수호령이 실은 자기 자신의 혼의 일부인 셈이다. 따라서 수호령의 영언이란 말하자면 본인의 잠재의식에 접근하는 것이며, 그 내용은 그 사람의 잠재의식에서 생각하는 것(본심)이라고 할 수 있다.

러시아의 신임 대통령
푸틴과 제국의 미래 – 수호령 인터뷰

2012년 3월 6일

푸틴 수호령의 영시(靈示)

블라디미르 푸틴(Vladimir Putin, 1951~)

러시아의 정치가. 레닌그라드 대학 법학부를 졸업한 뒤 구소련 국가안보위원회(KGB)에 들어가 활동했고, 옐친 정권 말기에 총리가 되었다. 그 후 2기 동안 대통령직을 맡았다. 헌법상 삼선이 금지되기 때문에 메드베데프 내각의 총리로 취임했지만, 2012년 3월 대선에서 삼선에 성공했다. 친일파로 알려져 있으며, 유도 5단의 실력자이다.

|질|문|자|

사토무라 에이이치(里村英一) : 행복의 과학 홍보국장

츠이키 슈가쿠(立木秀學) : 행복실현당 당수

구로카와 하쿠운(黑川白雲) : 행복실현당 정조(政調, 정무조사) 회장

※ 수록 시점의 지위임

01

푸틴 대통령의
본심을 이끌어내고 싶다

큰 변수

오오카와 류우호오

신기하게도 행복의 과학이 언론보다 더 언론다워졌고(웃음) 시사성을 띤 주제에 대한 반응이 극도로 빨라졌습니다.

러시아의 대통령 선거가 끝났고, 대통령으로는 다시 푸틴이 선출되었습니다. 일본의 국가 전략, 외교 전략을 생각할 때 러시아는 빼놓을 수 없는 국가입니다.

일본은 미국과 연결해서 대중국 전략을 생각하고 있습니다. 그 전략은 미국과 중국의 관계만으로 정해지는 것은 아닙니다. 러시아도 그 전략을 짜는 데 영향을 미칩니다. 러시아가 어떻게 행동하느냐에 따른 미국과 중국의 동향에 아직 알 수 없는 부분이 존재하기 때문입니다.

얼마 전, 유엔 안전보장이사회에서 상임이사국인 러시아와 중국이 시리아 비난 결의안을 거부했기 때문에 유엔은 시리아를 공격할 수 없었습니다.

오늘 CNN 뉴스를 보아도 지난번 미국 대통령 선거에 공화당에서 출마한 매케인 의원도 '시리아를 공격해야만 한다'라고 주장했습니다.

역시 구냉전 체제를 그대로 이어나갈지 여부는 큰 문제겠지요.

만약 중국이 현재 예상대로 확장주의, 패권주의로 나간다면, 일본으로서는 일미 관계를 공고히 하면서 가능하면 일인 관계, 즉 인도와 관계를 맺고, 더불어 러시아와도 관계를 맺어 중국을 협공하는 전략을 생각해볼 수 있습니다.

그런데 푸틴 신임 대통령이 정권을 잡고 나서 러시아와 미국의 관계는 다시 꽤 힘들어지겠죠.

예전의 '강한 미국'이라면 러시아와 중국을 상대로 모두 이길 힘이 있겠지만, 지금의 미국에 중국은 이미 아주 두려운 존재입니다. 그래서 러시아의 태도에 따라 변수가 생깁니다.

러시아도 지금 중국의 패권주의에 대해서는 두려워하며 중국이 '시베리아 사할린 지구 주변을 가져갈 우려가 있다'라고 생각합니다. 분명히 그 부분에 대해 머릿속으로 미리 계산하고 있을 것입니다.

따라서 러시아는 '일본과 어느 정도 좋은 관계를 맺어두어야 위험하지 않다' 라는 생각이 있습니다.

하지만 그런 동시에 서방에 완전히 무너져서도 안 된다라고도 생각하는 미묘한 입장입니다.

러시아의 서쪽에는 대(對) 러시아 미사일 방어망이 구축되어 있습니다. 완전히 적에 둘러싸인다면 곤란한 상황이라, 이제 어느 쪽이든 자신들의 태도를 결정할 것 같습니다.

앞으로 러시아가 취하는 태도가 큰 변수로 작용하리라고 생각됩니다.

❦

KGB 출신의 푸틴 대통령은
어둠의 제왕인가?

오오카와 류우호오

푸틴 씨는 자기자신을 친일파라고 합니다. 그리고 스스로 '불량했던 때도 있지만, 유도를 하면서 그런 기질을 잠재웠다'라고 말하는 유도의 대가이기도 합니다. 그에게는 그런 면도 있습니다.

또 구소련은 무신론자, 유물론의 나라였지만 푸틴은 러시아 정교회의 열성적인 신자입니다. 그는 러시아 정교회가 부활하도록 상당히 힘을 실어 주고 신앙심도 있는 듯했습니다.

하지만 그와 관련해 이처럼 좋은 이야기만 있는 것은 아닙니다. 직업 측면에서 보면, 그는 레닌그라드 대학 철학부를 졸업한 뒤 첩보원을 동경해 KGB에 들어갔습니다. 그곳에서 첩보원 놀이를 하다 보니 그는 자연스레 음습한 방법도 익혔을 것이 분명합니다.

그러던 중 옐친 대통령 재임 시기에 총리로 임명되었고, 이

후 대통령이 되었습니다. 그는 재선되어 대통령직을 2기, 즉 8년 동안 수행했습니다. 러시아 헌법상 대통령은 연속해서는 재선까지만 가능하기 때문에 푸틴은 그 후 총리로서 4년 동안 내정을 담당했습니다. 그 사이에 대통령의 임기가 4년에서 6년으로 연장되었고, 이번 대선에 푸틴이 다시 도전하여 당선되었습니다.

이번에 대통령으로 6년 재직하고 나서 그가 재선되면 또 6년 동안 재직하게 되므로, 푸틴의 첫 번째 대통령 임기부터 기간을 세어보면 '푸틴 제국'이 20년 이상 지속될 가능성이 있습니다. 그렇게 되면 구소련의 브레즈네프(Leonid Il'ich Brezhnev) 정권 이래 장기 집권에 해당합니다.

이처럼 푸틴이 정말 '좋은 사람'인지, 아니면 민주주의를 개의치 않는 '어둠의 제왕'이 되어 가는지 알 수 없는 면이 있습니다.

국가 전략을 세우는 데

중요한 정보를 제공하고 싶다

오오카와 류우호오

그는 이번에 대통령으로 당선된 후 북방 4도 영토 문제에 대한 일본과의 협상과 관련하여 '아직 논의될 여지가 있다' 라고 말해서 일본 측을 헷갈리게 하며 관심을 끌고 있습니다. 하지만 이것은 그야말로 낚시 요령입니다. 낚싯줄에 무엇인가 먹이를 달아놓고, 물고기가 먹이를 향해 살금살금 다가오기를 기다리는 것입니다. 그리고 물고기가 미끼를 무는 즉시 전략을 시작하려는 인상을 줍니다.

일본 언론은 가능하면 푸틴 씨의 머릿속에 들어가 그의 속내를 알고 싶겠지요. 가능하기만 하다면 큰 특종거리를 건지는 일이니 꼭 해보고 싶겠지만, 그것은 좀처럼 쉽지 않은 일이라고 생각됩니다.

그래서 오늘 우리가 이 자리에서 일본 정부나 언론을 대신해 '차후의 국가 전략과 외교 전략을 세우는 데 필요한 중요

정보를 제공할 수 있다' 라고 생각합니다.

더불어 이 지면을 빌려 '행복의 과학의 공익성이나 행복실현당의 세계 전략에는 오류가 없다' 는 점을 밝히고 싶습니다.

❧❦❧

러시아인 정치가의 수호령 강령은
첫 경험

오오카와 류우호오

나는 현역 러시아인 정치가의 수호령이 내 몸에 강령한 경험은 아직 없기에 언어 루트에서 좋은 연결(관계)로 영언이 나올 수 있을지 모르겠습니다.

그래서 나는 러시아어 문법 참고서와 러시아 사전을 샀지만, 아직 전혀 손을 대지 않았습니다. 불행히도 나는 러시아어로 말해 본 적이 없어서 아직 뇌에 러시아어 루트가 완성되지 않았습니다. 그러므로 푸틴 수호령의 영언을 일본어나 영어로 번역할 수 없는 부분에 대해서는 '아~'나 '우~'로 끝맺을 가능성도 있습니다.

다만, 푸틴은 친일파인 만큼 우리가 이해할 수 있는 정확한 영언을 해줄 것으로 기대합니다. 어떠한 형태로든 일본의 영계(靈界)와 연결 통로가 있어서 내용이 잘 전해지면 좋겠다고 생각합니다.

어떻게든 안 될 때는 '미나모토 요시츠네의 영언'이나 다른 무언가로 바꿀 것입니다(이전에 한 영언에서는 영인이 '츠이키 당수의 전생은 미나모토 요시츠네'라고 말한 적이 있다). 그때는 푸틴의 영언을 포기해 주시기 바랍니다.

지금 러시아인의 수호령 영언이 무리라면 앞으로 러시아어를 공부해서 입문 과정을 마친 뒤에 해보겠습니다. 무엇이든 해보면 되기 마련이니 일단 열심히 해보겠습니다.

(질문자들에게) 질문을 잘해 주시길 부탁합니다. 처음에는 잘 안 될 수도 있겠지만요.

푸틴이 영어를 할 수 있는지 없는지도 모릅니다. 그가 러시아어만 할 수 있는 사람이라면, 수호령의 영언도 정확히 전달되기 어려울 수 있습니다.

푸틴 대통령의
수호령을 부르다

오오카와 류우호오

서론이 길어졌습니다만, 일본 정부의 외무성과 각종 언론, 그리고 국제 정세에 관심 있는 여러분, 러시아에 계신 미래의 행복의 과학 신자 여러분을 위해서 푸틴 대통령의 수호령을 불러내 '앞으로 러일 관계는 어떻게 구축해가야 하는가?', '러시아의 미래는 어떤 모습인가?', '러시아와 미국, 중국, 기타 국가의 각 관계' 등에 대해 여러 의견을 들어볼 수 있어서 다행입니다.

이 방법으로 대(對) 러시아 전략을 세울 수 있다면 일본으로서는 가장 빠른 방법이 될 것이며, 행복실현당에도 마찬가지입니다.

푸틴 대통령의 러시아와 시진핑 체제가 예정된 중국의 관계는 어떻게 될 것인가? 또 푸틴과 미국 새 대통령의 관계는 어떻게 될 것인가?

이러한 볼 만한 '역사적인 스펙터클함' 속에서 일본은 방치되지 않도록 고군분투하는 수밖에 없다고 생각합니다.

자, 그럼 시작합니다.

러시아의 새로운 푸틴 대통령, 대통령 당선을 축하합니다. 푸틴 대통령, 대통령 당선을 축하합니다.

(눈을 감고, 양손을 펼쳐 얼굴의 옆까지 올린다.)

부디 행복의 과학 종합본부에 내려와 당신의 마음을 밝혀 주십시오.

푸틴 신임 대통령의 수호령이여, 부디 행복의 과학 종합본부에 내려와 당신의 마음을 밝혀 주십시오.

푸틴 신임 대통령이여, 러시아 신임 대통령이여, 부디 행복의 과학 종합본부에 내려와 당신의 본심, 정치적 신념을 밝혀 주십시오. 일본을 어떻게 할 생각인지, 또한 미국과의 관계, 중국과의 관계, 세계정세, 러시아 국내 문제를 어떻게 생각하는지 그 마음을 밝혀 주십시오.

당신은 친일파이니, 반드시 우리의 소원을 꼭 들어 주리라

믿습니다.

푸틴 신임 대통령의 영, 흘러든다, 흘러든다, 흘러든다, 흘러든다, 흘러든다, 흘러든다.

푸틴 신임 대통령의 영, 흘러든다, 흘러든다, 흘러든다, 흘러든다, 흘러든다, 흘러든다, 흘러든다, 흘러든다.

푸틴 신임 대통령의 영, 흘러든다, 흘러든다, 흘러든다, 흘러든다, 흘러든다, 흘러든다, 흘러든다, 흘러든다.

푸틴 신임 대통령의 영, 흘러든다, 흘러든다, 흘러든다, 흘러든다.

(약 40초 동안 침묵)

02

이번 대선을
되돌아보다

본심을 말하다

푸틴 수호령 : (손뼉을 한 번 친다) 좋아! 시작!

사 토 무 라 : 즈드랏스부이쩨(러시아어로 '안녕하세요' 라는 의
미)

푸틴 수호령 : (손뼉을 한 번 친다) 자, 한판(유도 시합에서, 한판은
메치기와 굳히기 기술을 완벽하게 사용했을 때 얻는 점
수)을 따볼까?

사 토 무 라 : 푸틴 신임 대통령의 수호령님이십니까?

푸틴 수호령 : 그래.

사 토 무 라 : 시작부터 유도 경기의 시작 신호인 '시작!'을
외치시는군요.

푸틴 수호령 : 나와 승부를 겨루어 한판을 딴다면 정말 대단한
거야.

사 토 무 라 : 예, 그렇지요.

푸틴 수호령 : 그래.

31

사 토 무 라 : 아직 러시아 대통령님과 이야기를 나눈다는 느
             낌이 없습니다만……

푸틴 수호령 : 경기가 무승부로 끝났기 때문이지.

사 토 무 라 : 그렇습니까?

푸틴 수호령 : 어느 한쪽이 이겨서 승부가 날 때까지 해보자.

사 토 무 라 : 최근에 〈아사히신문〉 기자에게 북방 영토 문제
             에 대해서도 '무승부' 라고 말씀하셨습니다만.

푸틴 수호령 : 있을 수 없는 일이니까.

사 토 무 라 : 있을 수 없는 일인가요?

푸틴 수호령 : 그것은 '미끼' 였어.

사 토 무 라 : 예. 그럼 저희 쪽도 '오늘은 푸틴 대통령과 경기
             하여 한판 따고 싶다'라고 생각하며 이야기를 나
             누고자 합니다.

푸틴 수호령 : 그래. 수호령으로서 본심을 말하는 거니까. 본
             심을.

사 토 무 라 : 예. 꼭 부탁합니다.

푸틴 수호령 : 수호령은 거짓말을 안 해.

사 토 무 라 : 예…… 꼭…… 부탁합니다.

푸틴 수호령 : 이 영언은 곧 번역되어 러시아 국민이 꼭 읽어
　　　　　　야 하니까……

사 토 무 라 : 그렇습니다.

푸틴 수호령 : 내 본심을 이야기하니 좋은가?

사 토 무 라 : 예.

푸틴 수호령 : 인정사정 안 봐줄 테니까.

사 토 무 라 : 예. 자꾸만 더 세찬 공격을 부탁하고 싶다는 생
　　　　　　각이 듭니다(강연회장 내 웃음).

푸틴 수호령 : 절대 무승부는 없어.

사 토 무 라 : 예.

푸틴 수호령 : 나를 이길 테면 이겨 봐!

사 토 무 라 : 예.

푸틴 수호령 : 나를 이겼을 때야말로 제대로 인정해 주겠다.
　　　　　　경기할 때는 스포츠맨십에 따라서 패배하더라
　　　　　　도 정당하게 대결해야 한다.

사 토 무 라 : 예, 그러겠습니다.

푸틴 수호령 : 졌을 때는 그렇게 하지.

사 토 무 라 : 예.

푸틴 수호령 : 자, 와봐!

사 토 무 라 : 예! 알았습니다.

푸틴 수호령 : 자, 공격!

사 토 무 라 : 예. 제 백부는 푸틴 대통령이 좋아하시는 스가
타 산시로(姿三四郞 : 유도를 소재로 한 소설 속 주인
공)를 모델로 삼은 분이었습니다. 그런 의미에
서 대통령과 깊은 인연을 느낍니다.

푸틴 수호령 : 스가타 산시로?

사 토 무 라 : 예.

푸틴 수호령 : 그럼 백부가 가노 지고로(강도관講道館 1882년에
가노 지고로가 창설. 명칭은 자신이 창시한 유도를 보
급하는 곳이라는 뜻, 유도의 창시자) 선생인가?

사 토 무 라 : 신임 대통령은 가노 지고로 선생님과 스가타 산
시로를 매우 존경한다고 들었습니다.

푸틴 수호령 : 맞아.

사 토 무 라 : 제 백부는 가노 지고로 선생님의 제자였습니다.

푸틴 수호령 : 그렇군.

사 토 무 라 : 예. 저는 그런 관계에 있는 사람이니, 저를 믿고

본심을 말씀해 주시길 바랍니다.

푸틴 수호령 : 나는 본심밖에 말하지 않는다. 본심밖에 말하지
않아. KGB 사람들은 본심만 말해.

사 토 무 라 : 역시 그렇군요. 감사합니다. 본심은 절대 말씀
하시지 않을 것으로 생각했는데, 그렇게 말씀하
시니 감사합니다.

푸틴 수호령 : KGB는 본심만 말한다.

사 토 무 라 : 예, 알았습니다.

푸틴 수호령 : 본심이야말로 모두가 의심하지.

사 토 무 라 : 예?

푸틴 수호령 : 상대방이 거짓말을 하면 바로 알 수 있는데, 본
심의 진위는 알 수가 없어.

사 토 무 라 : 저는 당신의 본심을 듣고 싶습니다.

푸틴 수호령 : 그래.

♣ 득표율 64퍼센트는
합격선이다

사 토 무 라 : 어제 대통령에 당선되셨는데, 2004년 대선보다 7퍼센트 정도 득표율이 떨어졌습니다.

푸틴 수호령 : 자네. 그런 나쁜 이야기부터 시작하면 안 돼!

사 토 무 라 : 아닙니다. 나쁜 이야기가 아닙니다.

푸틴 수호령 : 그런 방식은 안 돼. 마치 상대방의 유도복 소매를 잡아끄는 것이나 마찬가지인 행동이야. 좀 더 당당히 공격하도록 해.

사 토 무 라 : 아닙니다. 저는 당신이 안티(반푸틴 움직임)가 있었는데도 대선에서 압승을 거두었다고 생각합니다. 대선에서 승리를 거둔 것에 대해 본인의 솔직한 심정은 어떻습니까?

푸틴 수호령 : 음. 승리는 내 예상대로였어. 나는 꼭 이긴다고 생각했어. 그리고 합격선을 50퍼센트로 잡았지. 50퍼센트 정도의 표는 얻고 싶었어. ‘지지율이

절반이 채 안 된다면 재선되어도 모두 인정했다고 볼 수 없으니까 득표율이 50퍼센트는 되어야 한다고 생각한 거야. 그런데 다행히 64퍼센트의 득표율을 얻어서 당선되었어. 자네같이 지난 대선보다 지지율이 하락했다라고 말하는 사람도 있지만 말이야. 사실, 이젠 러시아 국민이 나한테 좀 질려서 수치가 다소 내려간 거 같아. 일단 50퍼센트는 넘고 싶다. 50퍼센트를 얻지 못한다면 정권이 안정될 수 없다라고 생각했기 때문에 내가 설정해 놓은 목표와 비교해서 64퍼센트면 일단 합격한 거야. 어떻게든 합격점에는 도달했구나 싶어.

모든 사람의 기분을 알기 때문에 이전 대선보다 득표율을 올린다는 건 정말 힘든 일이야.

덮지 못한 것은 실패였다

푸틴 수호령 : 반푸틴 시위가 일어났을 때 그걸 덮지 못한 건 실패였어. 그런 시위를 허락하지 않는 성격이라서 사실은 억울하고 분해.

과거에는 그런 시위가 일어나면 러시아 국민이 '이 나라가 괜찮은 걸까?' 하고 걱정하니까 그런 시위를 용납하지 않았어. 이번처럼 공공연히 대통령 반대 시위가 가능하다는 건 과거의 러시아 지도층이 보기에는 용납할 수 없는 일이지. 나라가 약해진 것 같은 느낌이야. 중국에서는 이런 시위가 불가능하지 않은가?

사 토 무 라 : 불가능한 일입니다.

푸틴 수호령 : 그렇지?

사 토 무 라 : 예, 불가능합니다.

푸틴 수호령 : 중국에서 1만 명 이상이 반시진핑 시위를 한다면,

시위한 사람은 모두 죽게 되잖아?

사 토 무 라 : 예.

푸틴 수호령 : 그렇다면 러시아는 아직 그런 일에서 중국보다

부드럽게 대처하는 거구나.

내가 필요하다라고 생각하여 무리인 줄 알면서도 나왔다

사 토 무 라 : 푸틴 신임 대통령은 대선 승리 선언을 할 때 눈

물을 보여 지금 전 세계적으로 화제가 되고 있

습니다.

푸틴 수호령 : 이봐, 그건 말이야, 스포츠맨은 승리하거나 우

승하면 울잖아?

사 토 무 라 : 예. 그렇습니다.

푸틴 수호령 : 그렇지? 우승했을 때 눈물을 흘리는 건 부끄러

운 게 아니야, 자네.

사 토 무 라 : 예. 하지만 푸틴 신임 대통령은 일본 국내는 물
론 세계적으로 눈물이라는 것과는 전혀 거리가
먼 이미지로 널리 알려져서……

푸틴 수호령 : 그건 말이지, 자네. 오해야, 오해.

뭐, 나도 무리인 줄은 알고 있었으니까. 대통령을
두 번 하고 총리까지 한 뒤에 또 한 번 대통령을 하
려고 나온다라는 건 누가 봐도 권력에 사로잡힌
사람처럼 보이지 않겠어?

사 토 무 라 : 예.

푸틴 수호령 : KGB에 있었던 사람이 그 정도 자기 분석을 못
할 리가 없잖아? 물론 그렇다는 걸 알지만 '지
금 러시아에는 내가 필요하다' 고 생각했기 때
문에 나온 거지.

사 토 무 라 : 예. 지금 '무리인 줄 알면서' 라고 말씀하신 부
분과 관계되는 질문입니다만, 제가 먼저 여쭤보
고 싶은 것은 '왜 메드베데프 대통령은 1기에서
그만두고 이번에 당신이 나왔는가? 라는 점입
니다. 지금 '내가 필요하다' 라고 말씀하셨지요.

푸틴 수호령 : 아니, 사실 내가 계속 하고 싶었어도 헌법상 제
약 때문에 어쩔 수 없었잖아?

사 토 무 라 : 예.

푸틴 수호령 : 그는 내 말을 잘 듣는 사람이지.

사 토 무 라 : 예.

푸틴 수호령 : 애당초 그는 대통령이 될 그릇이 아니었어.

사 토 무 라 : 예(웃음).

푸틴 수호령 : 그가 그런 큰 그릇이 아니라서 '대통령을 한 번
시켜 주었으니 다음에는 바꾸자' 라고 말했더니
순순히 물러나더군.

사 토 무 라 : 예.

푸틴 수호령 : 뭐. 어쩔 수 없잖아?

이 나라는 지금 장악력이나 그런 구심력이 사라
지면 뿔뿔이 흩어지게 되니까.

고르바초프가 뿔뿔이 흩어지게 하고 나서 옐친
이 러시아만은 어떻게 통합했지만, 아직도 여기
저기서 분쟁이 끊이지 않아.

애당초 강력한 강권 정치를 하며 억누르던 곳에

갑자기 자유를 주면 원래대로 되돌리는 것은 힘들지.

내가 '강한 러시아'라고 말해도, 제국주의를 지향한다는 건 아냐. 오늘의 주제가 바로 '제국의 미래'라는 이상한 제목이잖아. 사실 러시아는 제국주의도 아닌데 말이지.

다만 나도 자네들과 마찬가지로 나라가 침몰해가는 중이라든지, 국력이 약해지고 사라져가는 건 싫은 거야. 그래서 정치적으로나 경제적으로 나라를 부활시키고 싶어.

사실, 다른 사람이 더 적합하다면 내 자리를 양보해도 상관없어. 하지만 지금 시점에서 내가 아닌 사람이 더 적합하다는 건 증명되지 않았고, 역시 위엄이 설 만한 사람은 나밖에 없다고 생각해.

사 토 무 라 : 그것은 본심이라고 생각해도 괜찮겠습니까?

푸틴 수호령 : 아, 본심이야, 본심.

이번 대선을
되돌아보다

03

강한 러시아란
무엇인가?

들어가기를 원했던 이유

사 토 무 라 : 일반적으로 푸틴 신임 대통령을 진정한 현대판 차르, 즉 현대판 러시아 제국 황제로 봅니다. 그리고 어떤 면에서는 당신을 권력욕에 휩싸인 권력의 포로라고 말하는 언론도 있습니다.

푸틴 수호령 : 이봐, 나는 독실한 기독교인이야. 하나님 앞에서 무릎 꿇고 기도하는 신자라고. 나의 그런 면을 간과해서는 안 돼. 그리고 좀 전에도 언급했는데, 예전에 나는 품행이 불량한 소년이었지만 유도를 하면서 불량함을 없앴어. 그래서 악의 길에서 발길을 돌려 올바른 길로 들어선다라는 말의 뜻이나 진정한 반성의 의미를 제대로 알고 있다고.

그러니까, 그런 의미에서 나는 자네나 언론이 그 정도로 오해할 만한 인간이 아니라는 거야.

뭐랄까, 미국 스파이 영화들 때문에 사람들이
CIA나 FBI 같은 국가 정보기관을 나쁜 짓 많이
하는 곳으로 생각하잖아? 그래서 우리 KGB도
똑같을 거라고 보는 것 같아. 물론 실제로 나쁜
일도 해.

하지만 그런 면만 봐서는 안 돼. 나쁜 면도 있지
만 치안 유지를 하는 면도 있어. 구소련은 면적
이 일본의 60배나 되는 큰 나라이기 때문에 치
안을 유지하는 건 정말 중요한 일이야.

사 토 무 라 : 좋습니다. 원래 이 질문은 나중에 드리려고 했
습니다만, 왜 KGB에 들어가고 싶다고 생각하
셨습니까? 저는 당신이 소년 시절부터 이미 그
런 생각을 했다는 점이 무척 신기했습니다.

푸틴 수호령 : 그런가? 당시에 상승지향성이 강했어. 상승지향
성이란 출세하고 싶다는 소망이지.

유도하는 사람 중에 머리가 나쁜 사람은 경찰관
이 돼. 머리가 나쁘다고 하면 안 되겠고, 바꿔
말하면 머리가 별로 좋지 않은 사람은 경찰관이

되는 데서 끝나.

그러던 중에 나는 때마침 40대 1의 치열한 경쟁률을 뚫고 레닌그라드 대학 법학부에 입학했지. 나는 뜻밖에 수재였어. 그래서 '이 연장선에 있는 건 뭘까?'라고 생각해 보니, 권력 기구가 있었어. 나는 역시 정의감이 충만했던 사람이라……

사 토 무 라 : 오오.

푸틴 수호령 : 악을 단속하고 싶다라는 생각도 있었어.

사 토 무 라 : 과연 그러셨군요.

푸틴 수호령 : 경제 같은 것은 나중에 좀 공부했어. 대학에서 법률을 공부했듯이 나는 원래부터 질서라든가 체제 유지, 선과 악, 이런 것에 관심이 있었지.

사 토 무 라 : 과연 왜 그 정도까지 정의에 집착하는가가 저로서는 매우 궁금한 부분이었는데, 이 부분에 대해서는 후반부에서 다시 여쭤보겠습니다.

♣ 러시아의 긍지만은
잃고 싶지 않다

사 토 무 라 : 이번에 세 번째로 대통령직에 취임하는 푸틴 신
임 대통령은 계속해서 '강한 러시아'를 말씀하
셨습니다. 강한 러시아란 대체 어떤 것인가요?
무엇에 강한 것을 말하나요? 강한 러시아의 이
미지를 꼭 언급해 주시길 바랍니다.

푸틴 수호령 : 1980년대는 이제 정말 그 옛날(once upon a time)
이 되었네. 1980년대에는 소련과 미국이 세계
를 양분했지. 소련 국민은 '어느 쪽이 세계 정권
을 장악할 수 있을까?' 라고 생각했어.
그 후 고르비(고르바초프)가 국가 최고지도자가
되었는데 순식간에 나라를 뿔뿔이 해체해 버렸
어. 예전으로 복구하는 건 정말 어려웠지. 그러
고 나서 옐친이 무서운 얼굴로 다스렸지만, 어
느 곳에서나 독립운동을 하기 시작했어.

모두 국가로서 약해진 건 알지만 자유를 원한다라고 해야 할까, 자유롭고 싶지만 전체가 통합되지 않아 힘이 약해지는 느낌이라고 해야 할까 하는 그런 미묘한 균형감 속에서 살아가고, 내전도 많이 일어났어. 당시에 나는 분명하게 '정의란 무엇인가?'를 말하기가 어려웠어.

과연 통제하는 것이 정의인지, 방임하는 것이 정의인지.

하지만 방임한다고 해도, 구소련에 속했던 어느 나라든지 독립해서 자유롭게 행동할 수는 없었지. 러시아에는 구소련 국가들과 우호 관계를 유지해야만 외국과 연결되는 통로를 확보할 수 있는 곳이 많으니까. 러시아 영토에는 바다에 접하지 않는 곳이 많거든.

그래서 그런 지역들을 지도하기는 어려워. 구소련이 해체되었지만 느슨하게 통합된 상태가 지속되어 앞으로 다시 강해질지, 아니면 더 뿔뿔이 흩어져서 여러 작은 국가가 될지, 혹은 상황에 따라 옛날로 돌아갈지 알 수 없는 부분이 있어. 그런 느낌이야.

최근에 중국이 갑자기 커지는 추세여서 이러다가는 우리가 중국의 먹이가 되는 건 아닌가 하는 우려도 있어.

중국은 러시아에서 약한 곳이나 러시아의 연방 국가와 구소련이었던 나라들 중에서 러시아의 영향을 배제하고 싶은 나라에 도움을 주겠다고 하면서 침범하여 거기를 차지하려고 할 거야.

그런 의미에서 역시 원래대로 돌아가지 않더라도 러시아의 긍지만은 잃고 싶지 않아.

자네들 역시 그렇겠지.

전후에는 일본의 대학에서도 러시아어를 공부한 사람이 많았다고 생각해. 지금은 러시아어 공부를 하면 특수한 일만 하지?

사 토 무 라 : 아닙니다. 그렇지 않습니다.

푸틴 수호령 : 애국심이 있는 사람이라면 당연히 러시아를 좀 더 강하게 해서 세계에 큰 영향력을 발휘하는 국

가로 만들고 싶다라고 생각할 거야. 유도 같은 운동을 하면 애국심을 배우게 돼.

사 토 무 라 : 과연 그렇습니다. 그렇다면 그런 '강한 러시아'의 이미지를 더욱 구체적으로 알아보기 위해 행복실현당의 츠이키 씨가 이어서 여쭤보겠습니다.

♣ 북방 영토 방문은
메드베데프가 여론을 살피기 위한 애드벌룬 띄우기

츠 이 키 : 행복실현당의 당수 츠이키입니다.

푸틴 수호령 : 음. 나는 자네와 생각이 같아. 자네 당의 목표는 '강한 일본' 인가?

츠 이 키 : 예, 그렇습니다.

푸틴 수호령 : 우리도 '강한 러시아' 를 목표로 한다네. 우리와 같군.

츠 이 키 : 예. 다만, 그 부분에서 확인하고 싶은 것이 있습
니다.

작년에 메드베데프 대통령이 일본의 북방 영토
를 방문하고, 러시아 공군 폭격기가 일본 영공
주변을 일주했습니다. 따라서 '러시아에 일본
의 영토에 대한 야심이 있다' 라고 해석됩니다.

푸틴 수호령 : 그렇지 않아. 메드베데프는 여론을 살피려는
정치적 목적에서 계획적으로 애드벌룬을 띄운
거야.

러시아 국민은 내가 다시 돌아와 집권할 것을
알고 있어. 그런데 메드베데프는 나 이상으로
강경파 이미지를 보여 주면 국민의 지지율이 올
라가고 러시아 국민이 '푸틴의 재선은 필요하
지 않다. 푸틴은 이미 과거의 사람이며, 메드베
데프가 연임하는 편이 좋다' 라며 자기를 응원
할 거라고 생각해서 그런 정치적 애드벌룬을 띄
운 셈이지.

영유권 논란이 있는 북방 영토를 방문하고 자국

의 영토에 대해 강력하게 주장하면 지지율이 오를까? 일본의 반응과 국제 여론은 어떨까? 등을 알아보려고 한 거야. 이건 나에 대한 일종의 도전이라고 생각해.

나를 친일파라고 생각해서 반일파처럼 일본에 강한 태도를 보이면 자기 인기가 올라갈지 시험해 본 거야.

이미 중국이나 한국에도 이런 전례가 있어. 중국이나 한국에서는 일본에 대해 강경한 태도를 보이면 인기가 상승하니까. 메드베데프는 자기도 그렇게 했을 때 인기가 올라갈지 알아보고 싶었던 거야. 하지만 결과는 그전과 별다를 바가 없었지.

츠 이 키 : 그렇다면 구소련과 같이 주변 국가를 위성 국가로 만들려는 영토 화장 욕심까지는 없는 거가요?

푸틴 수호령 : 내 머리는 아직도 이 사람(사토무라)만큼 머리카락이 남아 있는 나이이기 때문에 노력하면 무엇이든 가능하다고 생각해. 다만, 모든 것을 원상

복귀해 놓을 정도의 정치적 생명은 없다는 느낌은 들어. 하지만 적어도 러시아의 미래가 잘못되지 않도록 지금 대에 방향을 확고히 해둬야만 해. 러시아는 강한 권력자라고 말해질 만한 지도자가 늘 있어야만 해.

국민이 그런 현실에 오랫동안 길들다 보니 '자유롭게 판단해 주세요' 라는 말을 듣는다면 곤란해 할 거야.

그리고 국민에게 자유를 부여한다면, 자네들이 생각하는 것과는 달리 피 흘리는 항쟁이 일어날 수 있어.

사 토 무 라 : 1990년대에는 그랬죠.

푸틴 수호령 : 실제로 그런 일이 있었어. 그래서 그런 의미에서는 누군가가 왕처럼 군림해야 평화로워지는 경우도 있어. 그런 문화가 오랫동안 이어졌기 때문에 사람들이 나를 '황제' 라고 야유해도 어쩔 수 없는 거야.

♣ 유도 기술이 좋다면,
북방 4도를 돌려줄 생각이 있다

푸틴 수호령 : 북방 4도에 대한 말이 나오니 너희도 생각이 작
구나. 러시아의 면적이 얼마인지 알아? 러시아
나 구소련이 면적이 넓어서 얼마나 고생하는지
는 알아? 너희는 나라의 면적이 작아서 더 커지
고 싶겠지만, 사실 면적이 큰 나라를 다스리는
건 정말 힘들어.
북방 4도는 면적이 아주 작고 연어, 송어, 대게
양식 어업을 한다는 것만 알아. 어업으로 올리
는 연매출이 10억 정도밖에 안 되는데, 그 매출
을 위해서 4도를 유지한다는 건 분명히 말해서
정말 힘든 일이야.
사 토 무 라 : 그렇다면 일본에 되돌려 주는 편이 좋지 않을까
요?
푸틴 수호령 : 나는 그럴 생각이 있어.

사 토 무 라 : 흠.

푸틴 수호령 : 그럴 생각이 있어. 있고 말고. 정말 있어.

다만, 겉으로는 '일·소 공동선언'이 발효 중이 기 때문에 '하보마이와 시코탄 2개 섬만 돌려 주겠다'라고 한 거야. 일단 표면적일 뿐이지만, 만약 너희의 기술 거는 방법과 기술력이 좋아서 '절반(유도 경기에서의 판정 기준으로 한판보다 기술 이 조금 작게 들어가거나 불완전하게 성공했을 때 주어 지는 점수임. 절반 두 번이면 '한판'을 따게 됨)'이나 '유효(메치기 기술이 부분적으로만 성공했을 때 주어 지는 점수로 상태, 기세, 탄력의 세 가지 요소 중 어느 하나라도 절반의 경우에 비해 불충분할 때 선언되며 유 효 열 번이 절반 하나에 해당함)'가 아니라 가령 업 어치기로 던져서 한판을 딴다면 확실히 북방 4 도를 돌려 줄게.

사 토 무 라 : 오오! 그렇다면……

푸틴 수호령 : 돌려줄 생각이 있어.

츠 이 키 : 임기 중에 말입니까?

푸틴 수호령 : 그래.

사 토 무 라 : 하지만 '판정' 이나 '한판 기술(유도에서 이기는
방법의 하나로, 메치기 기술이나 굳히기 기술 등 어떤
기술로든 절반 판정을 두 번 받아서 한판 판정을 받는
기술)' 로 이기는 게 아니라……

푸틴 수호령 : 그런 잔기술로 이기는 건 안 돼.

사 토 무 라 : 즉 일본 정부의 기술 거는 방법에 따라……

푸틴 수호령 : 잔기술을 사용하는지 아닌지를 살펴본다는 거
야. '섬 두 개 정도는 돌려 주겠다' 라고 말한 건
작은 미끼로 낚시하는 거랑 같은 거야. 일본이
그 미끼로 만족하는 나라인지 아닌지 지켜보는
거야. 작은 새우를 미끼로 달고서 이만한 미끼
로 만족하는가, 더 욕심을 부릴 것인가를 알아
보는 거지.

사 토 무 라 : 그렇다면, 하보마이와 시코탄 두 개 섬으로 확
정된 것이 아니라 일본의 태도를 보고 나서 구
나시리, 에토로후까지 반환할지를 정하겠다는
거군요.

푸틴 수호령 : 물론 일본이 교환 조건으로 러시아에 뭘 주고
또 어느 선까지 주려고 하는지를 볼 거야. 북방
4도를 원한다면 일본이 어느 선까지 러시아에
줄 건지가 승부수지.

일본 외무성이나 총리대신이 절반이나 유효 정
도의 판정을 받으려고 잔기술만 걸어온다면 우
리도 그 정도로만 상대할 거야. 하지만 좀 더 큰
기술을 사용한다면 우리도 그에 상응하는 기술
로 응답할 생각이야. 저런 섬들은 러시아에서
본다면 점과 같은 작은 것이니까, 사실은 아무
래도 좋아.

츠　이　키 : 그렇다면 역시 시베리아의 대규모 공동 개발이
라든가……

푸틴 수호령 : 맞아. 바로 시베리아의 대개발을 말하는 거야.

츠　이　키 : 예.

푸틴 수호령 : 난 시베리아를 대규모로 개발해서 러시아 경제
가 좀 더 좋아지게 하고 싶어. 그 부근은 거주
인구도 적어. 수백만 명밖에 살지 않기 때문에

중국이 마음만 먹는다면 가져갈 수도 있는 곳이
야. 만약 중국인을 1억 명 정도 이동시키고 싶다
고 한다면(웃음) 곤란하지. 초원 민족이 대거 이
동해 온다면 정말 곤란해지기 때문에 그에 대한
방위책이 필요해. 그 부근에 대해 일본과 러시
아가 힘을 합하면 경제적으로도 이득이지. 이렇
게 양쪽 모두에게 장점이 있으면서 동시에 영토
의 안전을 지킬 수 있다면, 북방 4도 반환 건도
고려해 볼 만하다고 생각해.

다만, 일본은 미국과의 관계가 있잖아. 일러 관
계가 너무 좋으면 미국이 질투해서 삼각관계가
될 거야. 미국은 반드시 질투할 테니까.

츠 이 키 : 그렇군요. '강한 러시아' 가 된다면 러시아에 북
방 영토는 작아 보이겠군요.

우리의 핵무기를 팔아도 상관없다

푸틴 수호령 : 하지만, 우리는 핵무기가 남아 있어.

츠　이　키 : 뭐, 그거야……

푸틴 수호령 : 핵무기가 남아 있다고.

츠　이　키 : 예.

푸틴 수호령 : 그래서 말인데, 만약 자네들이 살 의향만 있다
면 살 수 있어.

츠　이　키 : 감사합니다.

푸틴 수호령 : 우리가 팔지.

츠　이　키 : 뭐, 그것도 유력한 옵션(선택)의 하나라고 생각
합니다만……

푸틴 수호령 : '개당 얼마' 하는 식으로 팔 생각이 있다는 거
야. 사용하지 않는 게 남아돌 테니까 부식되기
전에 빨리 인수해 준다면 팔겠어. 개당 100억
정도에 사면 어떨까?

츠 이 키 : 그것도 한 번 생각해 보겠습니다.

푸틴 수호령 : 러시아 것을 사면 일본에서 개발할 필요가 없
지.

츠 이 키 : 그러네요.

푸틴 수호령 : 녹슬기 전에 빨리 팔아야 해.

츠 이 키 : 뭐, 유지 비용도 꽤 드니까 일본이 인수한다면
그만큼 부담이 줄어들겠군요.

푸틴 수호령 : 우리도 좋지. 북한을 무너뜨리는 정도라면, 한
번에 전부 팔게. 한 백 개 정도면 되겠지?

츠 이 키 : 그러네요.

푸틴 수호령 : 간단하게 북한을 하루 만에 무너뜨릴 수 있어.
'러시아가 일본에 핵미사일 백 개 매각' 이라고
발표하면 북한은 속수무책 상태가 될 거야. 그
리고 끝나는 거지.

츠 이 키 : 예.

사 토 무 라 : 정말 그런 생각을 하고 계십니까?

푸틴 수호령 : 일본이 러시아와 단기간의 관계가 아니라 정말
오랜 기간 우호 관계를 맺을 생각이 있다면, 북

한에 대한 방위 정도는 도울 생각이 충분히 있어.

단, 미국이 우리를 질투해서 삼각관계가 조성될 거야. 이 관계에 대해선 내가 책임지지 않을 테니까 일본이 어떤 식으로 대응할지 조정해야 해.

츠　이　키 : 러시아 내부적으로는 어떻게 생각합니까? 러시아는 내셔널리즘(민족주의)이 강해서……

푸틴 수호령 : 무슨 말을 하는 거야. 내가 '좋다'고 하면 좋은 것으로 결정되는 거야.

츠　이　키 : 죄송합니다. 실례했습니다.

푸틴 수호령 : 그런 건 상관 없어. 내가 핵무기를 '팔겠다'고 하면 그냥 파는 거지. 그걸로 끝인 거야.

사 토 무 라 : 지지율로 본다면 가능한 일이라고 생각합니다.

푸틴 수호령 : 당연하지. 내가 일본과의 우호 관계를 위해 핵무기를 백 개 팔 것이다라고 말해도 아무도 반대하지 않아. 핵무기 백 개 정도 판다고 해도 우린 전혀 무서울 게 없으니까. 우린 이미 핵무기를 만 개 단위로 가지고 있어. 여유분이 있어서

좀 파는 것뿐이야.

♣ 북한의 김정은은
미쳤다

사 토 무 라 : 지금부터 미국과의 관계에 대해 질문을 드리겠습니다.

푸틴 수호령 : 그렇게 해.

사 토 무 라 : 앞에서 '북한은 무너져도 상관 없다' 라고 언급하셨습니다만……

푸틴 수호령 : 그러는 게 좋지 않을까?

사 토 무 라 : 네(강연회장 안 웅성거림)?!

푸틴 수호령 : 북한은 미쳤어.

사 토 무 라 : 미쳤습니까?

푸틴 수호령 : 그래.

사 토 무 라 : 그렇다면, 김정은에 대해 어떻게 생각하십니까?

푸틴 수호령 : 그는 미쳤어. 아직 젊으니까. '미쳤다'는 말의 어감이 이상하지만, 그는 선천적으로 제정신이 아니야. 그러니까 더는 그에게 북한을 맡겨서는 안 돼. 여기저기에 미사일을 발사해서 다른 나라들이 견딜 수 없게 될 테니까.

사 토 무 라 : 예.

푸틴 수호령 : 일본을 겨냥한 미사일이 러시아로 날아오면 참을 수 없을 거야. 그런 일은 용서할 수 없어. 지상군에 의한 점령도 좋긴 하지만 시간만 오래 걸리고 사람도 죽게 돼.

그러니까 다 같이 빨리 북한을 정리하는 편이 좋잖아?

사 토 무 라 : 예.

푸틴 수호령 : 그리고 그들은 나쁜 존재라 빨리 붕괴하는 편이 좋아.

구 로 카 와 : 북한에 의한 한국 천안함 침몰 사건(2010년)이 발생했을 때 러시아는 명확한 증거가 없다는 이유로 북한의 편을 들었습니다. 북한과 무슨 관

계가 있는 것입니까?

푸틴 수호령 : 글쎄, 그건 구체제와 관계되기 때문에 그런 거야. 뭐라고 해야 할까, 구태의연한 냉전 구조가 아직은 남아 있어서 본능적으로 그런 식으로 편을 들었다고 생각해.

구 로 카 와 : 중국도 북한 편을 들었습니다.

푸틴 수호령 : 중국과 러시아도 비슷한 일이 발생하면 사실을 숨겨. 상대국이 '적(敵)'이라는 생각이 들면 그런 식으로 행동하겠지.

하지만 나는 사실 정말은 그렇게 생각하지 않아. 추호도 그렇게 생각하지 않아.

다른 나라의 함선을 그렇게 불의로 속여서 침몰시키고는 '증거가 없으니 누가 그랬는지 알 수 없다'라고 하거나, 부친(김정일)이 죽었다고 해서 미사일을 발사하고, 권력 승계 행사 때 미사일을 쏜다거나 하는 행동은 정말 미친 짓이야. 불꽃놀이를 하기 위해서라면 불꽃을 쏘아 올려도 아무 상관 없어. 하지만 이 불꽃놀이는 다른 뜻이잖아? 이건 '로켓 불꽃' 이기 때문에 그가 제정신이 아니라는 거야. 북한은 꼭 제거되어야 만 하는 '암세포' 같은 존재야.

♣ 냉전 체제의 유물인

북한 체제는 변해야 한다

사 토 무 라 : 그렇다면, 김정은을 제거하는 것만이 아니라 북 한 자체를 제거해야 한다는 의미입니까?

푸틴 수호령 : 체제는 바꾸는 편이 좋지.

츠 이 키 : 다시 말하면 한국 주도로 통일하는 편이 좋다라 는 의미군요.

푸틴 수호령 : 물론 러시아와 한국이 우호적인 미래를 구축할 수 있다는 조건이라면 한국 주도로 해야지. 한 국은 경제력이 빠르게 발전하고 있기 때문에 그 런 조건으로 우호적 관계를 촉진한다면 러시아

의 동쪽 지역도 분명히 활성화될 수 있으니까.

사 토 무 라 : 과연, 그렇군요.

푸틴 수호령 : 우리 북쪽 지방은 눈에 갇혀 있어서 정말 곤란
해. 어느 국가라도 우호 관계를 맺고 싶다는 생
각이 굴뚝같아. 사실 우호국을 많이 만들고 싶
은데 다들 우리를 무서워해서 말이지.

사 토 무 라 : 지금 말씀하신 내용은 전통적인 러시아 제국의
남하 정책, 즉 '한반도까지 모두 러시아가 지배
할 것이다' 라는 내용과는 다르네요?

푸틴 수호령 : 아니, 중국에서 가져갈 정도라면 우리도 갖고 싶
긴 하지(웃음). 그렇지만, 한국도 그렇게 간단히
빼앗길 것 같진 않아. 게다가 미국이나 일본도 붙
어 있어서 그럴 수는 없을 거야.

사 토 무 라 : 예.

푸틴 수호령 : 적어도 외교적으로나 경제적으로 우호 관계를
맺고 자유롭게 왕래할 수 있는 느낌이 들게 하는
편이 좋은데, 아무리 봐도 북한이 장애물이야.
북한은 냉전의 유물 그 자체니까 말이야. 사실

동독이 붕괴한 후에 북한도 따라서 체제를 바꿨
어야 했는데, 20년 이상 너무 오랫동안 방치해
두었다고 생각해.

사토무라 : 예.

♣ 중국이 서방 국가와 제휴한다면
러시아도 그렇게 할 생각이다

푸틴 수호령 : 중국은 소련이 붕괴하고 뿔뿔이 흩어지는 모습
을 보고 방침을 바꾼 거지. 자기 나라도 소련처
럼 조각조각 흩어지지 않게 정치적으로는 조이
고, 경제적으로는 일부 개방하는 교활한 전략을
취했어.

이건 2단 구조 전략으로, '상반신 공격'을 가장
해서 '다리후리기'를 하는 방식이야. 치사하지.
치사한 전략이야.

사 토 무 라 : 그렇습니다.

푸틴 수호령 : 좀 확실히 하는 편이 좋지. 서방 국가와 합류하고 싶다면 확실하게 들어가는 편이 좋다고 생각해. 만약 중국이 서방 국가와 제휴한다면 우리도 그렇게 할 거야. 그렇게 하면 별다를 바는 없어도 하나가 될 테니까.

적대 관계를 확실하게 하지 않기 때문에 유럽은 아직도 러시아를 경계하는 면이 있는 것 같아.

사 토 무 라 : 음.

푸틴 수호령 : 나는 특별히 동유럽을 전부 통합해서 서유럽을 공격할 정도의 의지는 없으니 걱정하지 않아도 돼.

나는 러시아를 무찌른 일본을 존경한다

사 토 무 라 : 19, 20세기 역사에서는 러시아의 움직임에 따른 각국의 생각과 동향이 큰 전쟁이 일어나는 계기가 되었기 때문에……

푸틴 수호령 : 지금까지 러시아와 싸웠던 유럽 국가는 전부 패했어. 러시아를 이긴 국가는 일본뿐이야. 그래서 난 일본을 존경해.

사 토 무 라 : 그렇군요.

푸틴 수호령 : 정말 대단한 거야. 작은 벼룩 같은 나라가 면적이 60배나 되는 나라를 내동댕이치고 말이야. 유도로 얘기하자면 업어치기로 한판 먹인 거야.

사 토 무 라 : 예.

푸틴 수호령 : 정말 대단해. 난 존경한다.

사 토 무 라 : 러시아는 나폴레옹도 히틀러의 나치도 이겼으니까요.

푸틴 수호령 : 그래. 맞아. 히틀러와 나폴레옹도 이기지 못했
는데, 러시아 해군을 박살낸 도고 헤이하치로
(東鄕平八郎)가 정말 대단한 거야.

그래서 나는 일본이 위대하다고 생각해. 유도의
비법인 '작은 것이 큰 것을 넘어뜨린다' 라는 말
그 자체야. 작은 남자가 큰 남자를 던지는 유도
의 묘기같아.

사 토 무 라 : 예.

푸틴 수호령 : 확실히 러시아는 러일 전쟁에서 일본에 졌지만,
나는 일본을 존경해. 정말 굉장하다고 생각해.

사 토 무 라 : 예. 그렇습니다.

푸틴 수호령 : 나폴레옹이나 히틀러보다 우위야. 정말 대단해.

사 토 무 라 : 게다가 나폴레옹이나 히틀러는 전투에서는 승
리해도 결국 동장군을 이기지 못했지만, 일본은
눈 속에서 벌어진 전투에서도 이겼으니까요.

푸틴 수호령 : KGB의 관점에서 봐도 존경할 만해. 러일 전쟁
에서 일본 첩보원이 활약하고 그 첩보원이 러시
아 혁명까지 일으켜서 결국 이긴 것도 말이야.

사 토 무 라 : 그건 아카시 모토지로 대령의 이야기군요.

푸틴 수호령 : 아카시 대령이구나. 아카시 대령의 이야기는 KGB에서 교과서적 존재야. 전쟁만으로 이길 수 없다면 첩보원이 공작해서 상대국에 침입해 혁명을 일으켜서라도 쓰러뜨리는 것. 이게 바로 '한판승 기술'이지. 정말 대단한 거야. 우리도 본보기로 삼고 있어.

강한 러시아란
무엇인가?

04

러시아의 미래와
국제 정세 전망

미국을 파괴할 수 있지만, 그럴 생각은 없다

츠 이 키 : 앞에서 '만약 중국이 서방 국가와 제휴한다면 러시아도 그렇게 할 것'이라고 언급하셨는데요. 국제 정치를 생각해 보면 역시 미국의 존재는 어마어마하다고 생각됩니다.

지금까지 러시아의 움직임을 살펴보면 이런 큰 존재감의 미국에 대항하기 위해 중국, 이란과 연계하거나 유엔 안전보장이사회에서도 중국과 함께 거부권을 발동하는 등의 움직임을 보인 경우가 많았다고 생각되는데요. '대(對)미국'에 대해 지금은 어떻게 생각하십니까?

푸틴 수호령 : 오바마는 러시아 대통령이 푸틴이라 조금 나처할 거야.

츠 이 키 : 그렇습니까?

푸틴 수호령 : 그럼. 중국만으로도 충분히 애를 먹고 도망치고

싶을 텐데, '러시아는 또 푸틴인가?' 라고 생각했겠지. 미국은 '황제' 라는 존재가 받아들여지지 않는 곳이니까 좀 싫을 거야.

그래서 미국이 두 나라를 상대하겠다고 한다면, 과거에 소련이 당했던 것과는 반대가 될지도 몰라. '대(對)러시아' 와 '대(對)중국' 양쪽의 군사 작전을 위한 예산안을 편성하면 국가가 파산하는 거야.

츠 이 키 : 예.

푸틴 수호령 : 과거에 소련이 그런 이유로 패배한 거였으니까. 미국과 군비 경쟁을 하다가 돈을 다 써버리고 끝내 포기했지. 그때와 똑같은 일이 미국에도 일어날 거야.

만약 러시아, 중국 두 나라가 모두 미국을 적대 국가로 보고 대미국 정책을 내걸고 싸우면, 미국은 끝내 국가 파산으로 무너질 거야. 우리는 그런 상황을 유도할 수 있다고 생각해. 하지만 나는 그럴 생각이 전혀 없어.

츠 이 키 : 예.

푸틴 수호령 : 나는 러시아의 미래가 지금의 일본이나 미국,
유럽 체제와 가까운 모습이어야 한다고 생각해.
하지만 러시아의 국민성이 서방 국가들과 똑같
아지려면 시간이 좀 걸릴 거야.

한때 옐친 정권이 민주주의로 이행하려고 했지
만 그때는 나라가 몹시 혼란하고 국력이 크게
저하된 상태였어. 그래서 러시아는 가난해진 거
야. 외부에서 강권 정치라는 이야기를 들어도
약간은 강압적으로 했어. 그 모습이 독재적으로
보였겠지만, 그렇게 함으로써 구심력을 되찾고
강한 러시아가 연상되는 국가를 완성했어. 그런
의미에서 나도 역사의 무대에서 한 몫 한 거야.
지금 말했듯이 미국을 무너뜨리자고 생각하면
무너뜨릴 수는 있어. 중국과 러시아는 보유한 핵
무기 수가 어마어마하고, 이런 두 나라와 군사적
으로 싸우게 된다면 미국은 지금 상태에서 더는
견딜 수 없을 거라고 생각해.

그렇지만, 분명히 말하건대 나는 그럴 생각이 없
어. 그래서 내가 대통령을 하는 동안에는 절대
그런 일이 일어나지 않을 거야. 이건 진심이야.

♣ 일본은
미국과 러시아의 연결고리가 되어야 한다

츠 이 키 : 하지만 그렇게 말씀하셔도 지금 당장 미국과 사
　　　　　 이가 좋아지고 협조하는 관계가 되기는 어렵지
　　　　　 않습니까?

푸틴 수호령 : 그렇지. 지금까지 지내온 흐름이 있으니까. 사
　　　　　 실 미국도 가끔 엉뚱하고 제정신이 아닌 일을
　　　　　 하고 말이야.

츠 이 키 : 예, 예.

푸틴 수호령 : 음. 미국이 가끔 제정신이 아닐 때가 있어. 지지
　　　　　 율을 높이려는 방편으로 갑자기 전쟁을 시작할

수도 있기 때문에 우리도 완전히 무방비 상태로 있을 순 없어. 하지만 그보다 문제는 중국이야. 지금 세계에서 러시아에 가장 위험하고 두려운 국가는 중국이야.

제일 큰 문제가 세계는 중국과 어떻게 대치할 것인가인데, 이에 대해 우리도 '중국 포위망 속' 에 들어가야 한다고 생각해.

구 로 카 와 : 저희 행복실현당도 러시아와 일본이 군사 동맹까지는 어렵더라도 '일·러 협상' 을 맺어서 친선·협력 관계를 구축해야 한다고 생각합니다.

푸틴 수호령 : 러시아와 군사 동맹을 맺게 되면 미국과의 관계가 무척 난처할 거야.

구 로 카 와 : 예. 그건 그렇죠.

푸틴 수호령 : 그런데 좀처럼 서로 의견이 맞지 않아서 말이야 (웃음).

하지만 일본이 하나의 연결고리가 되는 것, 다시 말해 '미국과 러시아의 연결고리' 가 되는 것은 아주 중요해. 그렇게 되면 미국과 러시아가 하나로 연결돼서 직접적인 적이 되지 않을 거야.

단, 둘 사이에서 저울질하는 교섭 방식을 사용하는 건 안 돼.

사 토 무 라 : '일본' 말입니까?

푸틴 수호령 : 그래. 일본 말이야. 일본은 확실한 주체성을 확립하고, 미국과 러시아 사이에서 저울질하는 교섭 방식을 해서는 안 돼. 다시 말해, 분명한 국가 이념을 바탕으로 일본은 이런 방향으로 나아가고 싶다. 러시아와는 이에 대해 동의하는 범위에서 함께 해나가고 싶다는 식의 방침을 내세워야 해. 미국과 러시아 중에 어디를 선택하지? 라는 모호한 입장으로 교섭해서는 안 돼.

구 로 카 와 : 속히 북방 영토 문제를 해결했으면 좋겠다고 생각합니다.

푸틴 수호령 : 반환할 생각이 있으니 한 번 기술을 걸어 봐.

구 로 카 와 : 예. '경제 개발'이나 '에너지 개발' 같은 방법으로요.

푸틴 수호령 : 그런 '안쪽 옷깃을 잡고 끌어당기는 것' 같은

기술은 그만해. 그런 건 유도 경기에서 정말 시시한 기술이야. 차라리 옷깃을 잡고 이렇게 살며시 옆에서 들어올리는 건(옷깃을 잡고 흔드는 행동을 하며) 참을 수 없어.

굳히기 기술은 보기에 좋지 않다

사 토 무 라 : 그런데 푸틴 대통령은 모리 총리 이후의 일본 총리들과 관계가 어떻습니까?

푸틴 수호령 : 그래, 꽤 오래되었지. 하시모토도 있었고.

사 토 무 라 : 그 분은 모리 총리보다 먼저이십니다.

푸틴 수호령 : 꽤 오래된 일이군.

사 토 무 라 : 옐친 대통령 때 그 분이 일본 총리였습니다.

푸틴 수호령 : 옐친 때 총리였나?

사 토 무 라 : 예.

푸틴 수호령 : 그렇지! 맞아, 옐친 때였어. 그 다음에는 누구였지? 워낙에 자꾸 바뀌어서 말이야.

사 토 무 라 : 모리 총리입니다.

푸틴 수호령 : 내가 만났던 게 모리 총리부터였나?

사 토 무 라 : 예. 당신이 대통령으로서 처음 만난 일본 총리는 모리 총리였습니다.

푸틴 수호령 : 대체 몇 명이 바뀌었는지 모를 정도야. 난 이제 기억도 안 나.

사 토 무 라 : 예, 많죠. 그중에 특히 인상이 남는 분이 계십니까?

푸틴 수호령 : 모리 다음은……

사 토 무 라 : 예. 고이즈미 총리입니다.

푸틴 수호령 : 모리, 고이즈미…… 고이즈미가 오래했지.

사 토 무 라 : 그 다음이 아베 총리, 후쿠다 총리입니다.

푸틴 수호령 : 아베, 후쿠다……

사 토 무 라 : 그 다음은 아소 총리.

푸틴 수호령 : 아소……

사 토 무 라 : 하토야마 총리.

푸틴 수호령 : 하토야마.

사 토 무 라 : 간 총리, 그리고 현재가 노다 총리입니다.

푸틴 수호령 : 와! 여덟 명인가(강연회장 내 웃음)? 대단하군. 러
시아 사람은 이 여덟 명을 전부 기억하지 못할
거야. 모두 기억한다는 건 무리야. 고이즈미가
좀 오래했지?

사 토 무 라 : 예.

푸틴 수호령 : 좀 오래했지. 고이즈미는 오래했으니 조금이나
마 기억이 있을 거야.

사 토 무 라 : 현재 재임 중인 노다 총리의 인상은 어떻습니
까?

푸틴 수호령 : (크게 한숨을 쉬며) 우호 관계를 위해 단어를 잘
선택해야 할 텐데. 괜히 이상한 말을 하면 우호
관계를 맺기 어려워질 테니까 말이야. 미래를
잃어서는 안 되지. 하지만 유도인으로서 봤을
때 그런 타입은 '굳히기(유도 기술의 하나)' 타입
이야.

사 토 무 라 : 예.

푸틴 수호령 : 확실하게 말해서 그렇지. 굳히기에 열중해서 그 저 열심히 조르기만 하는 스타일로 보여. 그래 서 별로…… 좋게 봐줄 수가 없어.

사 토 무 라 : 봐준다고요(웃음)?

푸틴 수호령 : 역시, 우선은 선 기술(굳히기의 반대인 유도 기술) 로 공격해야 해. 굳히기는 선 기술이 통하지 않 을 때 그 다음에 활용하는 기술이야. 지금 그가 하는 건 굳히기 기술이야.

사 토 무 라 : 처음부터 선 기술을 걸진 않으니까요.

푸틴 수호령 : 물론 그렇지. 총리라면 먼저 당당하게 한판 업 어치기를 노리고 다가올 담력이 있어야지. 그런 데 그는 그런 면이 전혀 없다고 해야 하나? 노다 는 자연스럽게 굳히기 기술을 걸어오는 느낌이 야.

사 토 무 라 : 오늘은 전부 유도 기술에 비유하시는군요.

푸틴 수호령 : 그렇네.

일본은 중국에 점령되지 않을 것이다

구 로 카 와 : 나머지는 대중국 관계에 대해 조금 여쭤보고자
합니다.

'중국의 차기 국가 주석인 시진핑의 전생은 칭
기즈칸이다' 라는 걸 아셨습니까?

푸틴 수호령 : 칭기즈칸이 어땠는데?

구 로 카 와 : 러시아는 과거에 칭기즈칸 시대를 포함해서 약
240년 동안 몽골 제국이 지배하던 시대가 있었
습니다만, 시진핑에 대한 당신의 생각은 어떻습
니까?

푸틴 수호령 : 싸움을 부추기려 하다니(강연회장 내 웃음). 정말
진심인데 괜히 부추기지 마.

구 로 카 와 : (웃음) 진심으로 대응해 주셨으면 합니다. 시진
핑에 대해서는 어떻게 생각하십니까?

푸틴 수호령 : 뭐가? 칭기즈칸이라고?

사 토 무 라 : 예.

푸틴 수호령 : 용서할 수 없지. 그건 안 좋아.

사 토 무 라 : 올 가을 중국공산당대회에서 시진핑 씨가 차기 주석으로 선정될 예정이라고 합니다. 이 '선정 시기'에 대해서 푸틴 대통령은 어떻게 보십니까?

푸틴 수호령 : 그건 자네들에게 굉장한 행운이지. 푸틴 대통령이 다시 한번 나와 주었으니 일본은 중국에 점령되지 않을 거야.

사 토 무 라 : 아, 그렇습니까? 그건 무슨 의미입니까?

푸틴 수호령 : 만약 러시아 대통령이 '반일파'라면 일본은 러시아와 중국 두 나라에서 공격을 받을 테니 결국 끝 아니겠어? 앞에서 미국의 파국 얘기했는데, 그보다도 일본이 먼저 죽겠지.

사 토 무 라 : 예. 그렇군요.

푸틴 수호령 : 러시아와 중국이 '일본을 차지하고 싶다'면서 공격하면 어떻게 할 거야? 그렇게 된다면 확실히 일본은 끝나고 말 거야.

구 로 카 와 : 지금 자위대도 남서 방면으로 이동하려고 하니
까요.

푸틴 수호령 : 끝장이야.

♣ 중국이 아시아 국가들을 약탈한다면
배후에서 공격할 생각이 있다

푸틴 수호령 : 나는 일본을 위협적인 존재로 보지 않아. 실질
적으로 위협적인 건 중국이라고 생각해. 그래서
중국이 제멋대로 행동하는 건 용납할 수 없어.
만약 중국이 해양 전략을 펼치면서 점점 남쪽으
로 지배권역을 넓히고 아시아 국가들을 약탈하
려고 한다면 나는 그들의 뒤에서 중국을 공격할
생각도 있어.

사 토 무 라 : 믿음직스러운 말씀이십니다.

푸틴 수호령 : 뒤에서 공격한다면 중국도 어쩔 수 없을 거야.

그런 의미에서 러시아와 일본은 우호 관계를 맺어두는 편이 좋아.

사 토 무 라 : 예.

푸틴 수호령 : 일본은 아직 거기까지 움직이지 않았어. 약간의 자원과 천연가스, 그리고 북방 4도의 반환 같은 것들만 얘기하니까.

사 토 무 라 : 그건 푸틴 대통령이 총리이실 때 중국을 전략적 파트너라고 말씀하신 것이나 중국의 차기 국가 주석으로 지목되는 시진핑이 러시아를 '전략적 파트너' 라고 말했다고 일본 언론이 보도한 것과도 관계가 있다고 생각합니다. 일본 언론에서는 마치 두 나라 간에 생각이 통한 것처럼 보도했습니다.

푸틴 수호령 : 아냐. 그건 미국이 중국보다 훨씬 강하다고 생각했을 때 그렇다는 거야. 하지만 중국이 독자적으로 미국에 대항할 수 있다고 생각되면 그렇게 할 순 없지.

그녀석들이 독자적으로 움직일 수도 있으니까.

사 토 무 라 : 아아, 그렇군요.

푸틴 수호령 : 중국이 혼자 힘으로 미국에 대항할 수 없다고
생각할 때는 그렇게 말했지만, 지금은 혼자 힘
으로도 미국에 대항할 수 있다고 생각해. 그래
서 곧 있으면 독립할 것을 계산하고 있어. 중국
은 러시아 따위는 이미 쇠퇴한 예전 강국에 지
나지 않으며 추락해 가는 매와 같은 존재로 생
각하고 있어. 그러니까 중국은 러시아를 상대하
지 않아. 그렇게 느끼지.

사 토 무 라 : 중국도 한 세대 전에는 모스크바에서 유학하는
사람이 많았는데, 지금은 미국에서 유학하고 돌
아온 사람들이 새로운 체제를 만들려고 합니다.

푸틴 수호령 : 그건 말이지, '도둑질할 만한 걸 전부 훔쳐와
라' 라는 의미야. 중국은 '미국에서 훔칠 수 있
는 건 전부 훔쳐 와라' 라는 식으로 젊은 사람들
을 미국에 보내서 훔치게 하고, 훔칠 것이 없어
지면 미국은 망해도 상관 없다고 생각하지.

사 토 무 라 : 예.

종교 차별 때문에 핵개발을 하지 못한다

구 로 카 와 : 지금 러시아와 유럽은 NATO군의 유럽 미사일 방어 계획, 즉 유럽 MD 시스템을 둘러싸고 관계가 껄끄럽습니다. 앞으로 어떻게 진행될 것 같습니까?

푸틴 수호령 : 그렇군. 조금 문제가 있는 것 같아. 어떻게 해야 할까? 유럽에 미사일이 배치된다면, 역시 기분은 안 좋을 것 같아.

구 로 카 와 : 사전에 '러시아를 겨냥한 것은 아니다' 라고 정해 놓았습니다.

푸틴 수호령 : 음……

하지만 유럽도 튼튼하지 않으니까. 그쪽이야말로 뭔가 싸움이 일어날 것 같은, 내분이 발생할 것 같은 분위기니까 러시아 연방과 마찬가지 아니겠어?

사 토 무 라 : 따지고 보면 유럽 미사일 방어망 구축 계획도 이란의 핵개발 문제에 대해 러시아가 '핵의 평화적 이용은 문제가 되지 않는다' 라고 이란을 옹호하는 발언을 한 것과 관계가 있다고 생각됩니다. 그때 러시아는 이란이나 시리아와 가까운 사이로 보였습니다.

푸틴 수호령 : 이란은 말이야……

사실상 어느 나라든 핵을 평화롭게 이용할 권리는 있다고 생각해. 그래서 원자력 에너지를 생산하는 일 자체를 악이라고 생각하는 건 좀 잘못된 것 같아. 사고가 일어날 수도 있지만 말이야.

하지만 유럽은 이란이 이스라엘과 전쟁을 할 것이라고 추측하기 때문에 이란의 핵개발을 반대하는 거야. 중립 입장에서 보면, 이스라엘은 핵개발과 핵무기 소지가 가능하지만 아랍 국가들은 불가능하다는 건 정확히 말해서 불공평해.

사 토 무 라 : 과연 그렇죠. 그건 스포츠 정신으로 보면 공평

한 게임은 아니죠.

푸틴 수호령 : 응. 불공평해. 분명히 인종 차별이나 종교 차별
이야.

♣ 미국의 이란 공격으로
일본은 에너지 위기가 발생한다

츠 이 키 : 예컨대 미국이 이란을 침공하려고 할 때 어떻게
대응하시겠습니까?

푸틴 수호령 : 이란을 침공한다…… 음, …… 미국이 이란을
침공하면 곤란해지는 건 일본이지?

츠 이 키 : 예, 그렇습니다. 자원의 수입이 중단되기 때문
입니다.

푸틴 수호령 : 그렇지. 일본은 석유 수입이 봉쇄되어 곤란해지
지.

사 토 무 라 : 석유 파동이 일어날 우려도 있습니다.

푸틴 수호령 : 일본은 바보니까, 현재 원자력 발전을 전부 멈
춘 상태지?

사 토 무 라 : 예. 안전성 검토 중입니다.

푸틴 수호령 : 그럼 만약 이란이 침공당하면 끝나는 거잖아. 그
후에 심각한 에너지 위기가 일어날 거야.

일단 그런 사태가 발생할 가능성을 어느 정도
염두에 두고, 천연가스랑 다른 대체 에너지를
러시아에서 공급받는 방법도 생각해 봐. 러시아
에는 기회라고 생각해.

하지만 미국에 '술에 취한 것처럼 난폭하게 날
뛰는 건 적당히 그만하지 않을래?' 라고 말하는
건 쉽지 않을 거야. 그 나라는 마치 술고래 아저
씨가 싸움을 걸어오는 것 같은 느낌이야. 갑자
기 변신한다니까? 난 미국의 그런 면이 무서워.

미국은 이란의 핵개발을 허락하면 다른 이슬람
국가도 핵개발을 시작할 것이다. 그렇게 되면 감
당할 수 없게 된다라고 생각해. 사실, 중동의 이슬
람 국가들이 핵무장을 시작하면 유럽도 위험해.

츠 이 키 : 예.

푸틴 수호령 : 위험 사정권에 들어가게 되는 게 사실이야. 유럽이 이란의 핵개발을 반대하는 건 백인이 압도적 우위에 있다는 자기들 입장을 유지하고 싶어서가 아닐까?

난 이스라엘이 먼저 이란을 공격할 거라고 생각해.

지금 이스라엘 총리가 미국에 가 있을 거야. 단순히 미국 대통령 오바마를 만나서 승인을 얻으려고 하고 있을 거야. 하지만 실제로 그는 이스라엘이 전쟁을 일으켰을 때 미국이 응원해 줄지 비난할지, 유엔의 지지가 없더라도 단독으로 응원해 줄지 등을 확인받으러 간 거야.

지금의 오바마는 미래를 확약할 수 없다고 생각해. 정확히 말하자면, 오바마는 지금 약간 '레임덕(절름발이 오리. 정치적 영향력을 잃은 정치인이라는 의미)'의 징조가 보이는 상태라서 다음 선거에서 질지도 몰라.

아무리 지금 오바마와 이야기를 나눠도, 차기 대통령이 결정되지 않으면 확약을 받지 못할 수도 있어. 이스라엘이 '오바마가 약속했으니 안심이다' 라고 생각해서 전쟁을 일으켰는데 차기 미국 대통령이 오바마와 달리 전쟁을 비난하면, 이스라엘은 곤란해질 거야.

그렇더라도 '어떤 방법보다 직접 찾아가서 확인받는 것이 아무래도 낫겠지' 라는 생각으로 지금 이야기를 나누러 간 거라고 생각해.

♣ 오바마 대통령은 이란과 북한 중
어느 쪽을 먼저 침공할 것인가

사토무라 : 푸틴 수호령님의 말씀을 듣고 있는 오늘, 미국에서는 '슈퍼 화요일(미국 대통령 후보자 지명 경선을 위해 수많은 주에서 일제히 예비 선거나 당원 집회

가 열림. 주로 3월 초순 화요일에 열림)'을 맞고 있습

니다.

푸틴 수호령 : 그렇군. 대단하네.

사 토 무 라 : 민주당, 공화당을 포함해서 누군가 마음 속으로

생각해 둔 미국 대통령 후보가 있습니까?

푸틴 수호령 : 그럴 리 없잖아(강연회장 내 웃음).

사 토 무 라 : 그럼 누가 되면 좋겠다고 생각하십니까?

푸틴 수호령 : 음…… 내가 되면 좋을 것 같은데?

사 토 무 라 : 아니, 물론 그러시겠지만(웃음). 그렇다면 '이 사

람이 되는 건 싫다' 라는 사람은 있으십니까?

푸틴 수호령 : '이 사람이 되면 싫다' 라……

미국 사람은 변신을 하기 때문에 도무지 알 수

없는 부분이 있어. 갑자기 변신해. 약하다고 생

각했던 녀석이 갑자기 강해지거나 강경해지고,

강한 것 같은 사람이 약해지기도 하고. 알 수가

없다니까.

요즘 롬니가 유력해져서 '롬니 대 오바마' 의 형

세로 굳어지는 것 같던데?

올해 오바마는 경제 부양책과 민주당으로서는 드문 강경파 노선을 취해서 공화당의 전략을 무너뜨리려는 게 분명해. 공화당은 필요 없다. 식의 캠페인을 펼칠 거야.

그래서 올해의 그런 위기감 때문인지 오바마가 무섭게 느껴져. 약간 돌발적인 일을 할 수 있다고 생각해. 어딘가의 먹이를 찾고 있어. 분명히 어딘가에서 예측할 수 없는 사건이 일어날 거야.

사 토 무 라 : 아!

푸틴 수호령 : 꼭 그럴 거야. 아무도 예상하지 못한 변신을 보여 주지 않을까?

'변신(change)' 이란 결국 자신이 아무것도 할 수 없기 때문에 자신을 변화시킬 수밖에 없는 걸 의미해(강연회장 내 웃음). 올해는 자신이 배트맨으로 변신해서 갑자기 악당을 무찌르는 것 같은 일을 할 거야. 아무것도 하지 않으면 다음 대선에서 떨어질 테니까. 분명히 뭔가 하겠지.

그 공격 대상은 어느 나라일까? 이란? 북한? 어

느 쪽을 대상으로 할까? 지금 오바마는 그 대상을 살펴보는 중이라고 생각해. 한창 계산 중이 겠지.

지금 이스라엘의 움직임이 활발하니까 이란 쪽을 더 빨리 공격할 가능성이 있어. 그 다음은 김정은이 4월에 위원장이 될 때 그들이 가만히 있을지 불꽃놀이를 할지에 달렸어. 이 두 곳을 동시에 공격하는 건 아무리 미국이라도 좀 힘들 거야. 그래서 우선은 한 곳을 공격하고, '아직 위험한 곳이 남았기 때문에 대통령을 계속하고 싶다' 라면서 자신이 해야만 하는 상황이라고 말하겠지. 어느 나라부터 공격할지는 지금 계산 중일 거야.

사 토 무 라 : 예.

푸틴 수호령 : 김정은도 바보라서 무슨 짓을 할지 알 수 없지. 그의 지능 상태는 정말 주사위를 던지는 것과 다를 바가 없기 때문에 미지수라고 해야 할까? 변수 부분은 정말 예측하기가 어려워.

사 토 무 라 : 그렇습니다.

푸틴 수호령 : 어떤 수가 나올지 모르겠어. 4월이 돼서 화려
하게 시작하면 이쪽(북한)으로 초점이 맞춰질
거야.

미국인은 정의를 소중히 여기니까. '이것이 정
의에 위배된다' 라고 판단하면 모두 함께 움직
이는 나라야. 다시 말해서 이란과 북한 중 어느
쪽이 정의에 위배되는가를 먼저 생각할 거야.

이스라엘은 이란을 무너뜨리려고 독자적으로
공격하겠지만, 단독 행동으로 국제 여론에 등장
하면 나쁜 영향을 받게 돼. 자, 여기서는 과연
미국이 어느 쪽을 먼저 공격할 것인가?

오키나와 미군 기지의 필요성을 강조할 수 있다

츠 이 키 : 미국과 북한 사이에 '일단 핵개발 등을 중단시

킨다' 라는 합의가 있었다고 보도되었습니다.

푸틴 수호령 : 상대방이 거짓말쟁이니까 그런 건 의미가 없어. 북

한 사람은 그 다음 날 합의를 바꿔도 상관 없다는

식이야. 따라서 핵개발을 중단한다는 내용은 합의

라는 범주에 속하지 않는 거지.

물론 미국도 북한은 계약 사회가 아니니까 그럴

수 있다는 것을 충분히 알고 있어.

미국도 충분히 알고 있다는 건 '공격은 이란 쪽

이 먼저다' 라고 생각하기 때문일 거야.

하지만 이렇게 합의를 아무렇지도 않게 무용지

물로 만드는 게 북한이야. 그걸 미국은 잘 모르

는 것이지.

지금 시점에서는 일단 이란 공격을 우선으로 생

각하는 것 같아. 이후로는 어떨지 아직 잘 모르겠어.

사 토 무 라 : 그러나 오늘 푸틴 대통령의 수호령님이 밝혀 주신 오바마 대통령의 본심이 세계에 알려진다면 '이란을 표적으로 삼겠다' 라는 방침이 달라질 가능성이 있다고 생각합니다.

푸틴 수호령 : 바뀔 수도 있을까?

사 토 무 라 : 예. 공격이 북한 쪽으로 향할 가능성도 있습니다.

푸틴 수호령 : 역시 미국이 두 나라를 동시에 공격하기는 어려울 거야. 국가 예산이 풍부하고, 경제적으로 여력이 있다면 좋겠지만, 지금처럼 군비 축소를 해야만 하는 상황에서 두 나라를 동시에 공격한다는 것은 아무래도 힘들어. 그건 가장 강한 상황일 때가 아니면 불가능한 일이야.

다만, 미국은 또 다른 핵심 사안인 오키나와 미군기지 문제에 대해 일본에 홍보할 필요가 있어. 즉 미군의 존재(주둔)가 필요하다고 강조해야만 하기 때문에 그런 의미에서 아시아 쪽에 약간의 위기를 원할 수 있지. 어디인지에 상관없이 아시아 위기를 원하는 거야. 그렇게 되면 여론이 확 바뀔 테니까. 사실 이스라엘과 이란이 대치하는 것만으로 여론이 바뀔지는 알 수 없어. 미국과는 별 관계가 없다고 생각할지도 몰라.

하지만 앞서 언급한 필요성 때문에 힘든 예산 상황에서 어떻게 싸울 것인가를 지금 생각하고 있는 거야. 뭔가 하고 있는 거지.

사 토 무 라 : 무언가 할 것이라는 의미군요.

푸틴 수호령 : 분명히 뭔가 할 거야.

보이지 않길 바란다

츠 이 키 : 이밖에 중동과 관련된 문제로, 반체제 세력에
대해 무력 탄압을 계속하는 시리아에는 어떻게
생각하십니까?

푸틴 수호령 : 그렇지. 이 문제에서 우리는 나쁜 사람이 됐어.

츠 이 키 : 그런 셈입니다만.

사 토 무 라 : 일본에서는 '러시아는 시리아에 무기를 공급하
기 때문에 옹호했다' 라고 보도되었습니다.

푸틴 수호령 : 음……

구 로 사 와 : '시리아의 아사드 대통령이 푸틴 대통령에게
축전을 보냈다' 라는 보도도 있었습니다.

푸틴 수호령 : 이제 그만해 줘. 사실 그들은 나를 자기들 편으
로 끌어들이고 싶어했어. 정말 난처했지. 난 속
마음이 다르니까. 너희와 한패가 아니라는 걸
이해하지 못 하는가?

김정일도 죽기 전에 중동의 그 '미친개' 인……

사 토 무 라 : 카다피를 말씀하시는군요.

푸틴 수호령 : 카다피. 김정일은 카다피가 당한 걸 보고 살아 있는 기분이 들지 않았을 거야. 언제 미국의 소형 무인 비행기가 날아와서 자택을 공격할까라며 불안해 하면서 살아 있다는 기분이 들지 않았다지?

사 토 무 라 : 오사마 빈 라덴 때도 그랬죠.

푸틴 수호령 : 그렇지. 미국의 그런 공격 방식은 무서웠을 것 같아.

몇 군데를 빙글빙글 돌면서 잠복해도, 야간에 비행기가 날아와서 동시에 공격당하면 그걸로 끝나. 정말 무서운 공격 방식이야. '공포심 때문에 더 빨리 죽었다' 라는 이야기도 있을 정도니까.

아사드는…… 그래서 정말 어려운 거야. 수렁에 빠지면 상황은 더 나빠지고, 우리 경험으로 살펴 봐도 반드시 좋다고 말할 수가 없어.

내전이 오랫동안 계속되어 수렁에 빠질지는 이

미 이라크 전쟁 때 겪었을 거야. 당시 미국 대통령이던 부시가 사담 후세인을 죽일 수 없었던 건 '그를 죽이면 상황이 더 심각해져서 수렁에 빠지지 않을까? 하는 공포심 때문이었어. 그래서 과거 일본의 예를 참고(제2차 세계대전에 대한 쇼와 천황의 죄를 면죄)해서 후세인도 죽이지 않고 남겨 놓은 거지?

사 토 무 라 : 과연 그렇군요.

푸틴 수호령 : 하지만 그 녀석은 역시 악질이기 때문에 결국 아들 쪽이 퇴치에 나선 거야. 그 후 상황은 수렁에 빠져서 차라리 죽이는 편이 낫겠다라는 상황이 된 거야.

아사드도 아사드를 죽이거나 저쪽(시리아)을 제압하거나의 문제지만, 통합될지는 미묘한 부분이 있기 때문에 알 수가 없어.

하지만 이것도 뒤편에서 MD(미사일 방어)나 협상 조건이 전부 연결되어 있다는 점은 확실해.

사 토 무 라 : 앞으로도 이 지역은 세계정세에서 큰 화약고일

것이고, 정말 작은 조건의 차이로도 상황이 크게 달라질 것으로 생각합니다.

♣ 중국에는 반드시
혁명이 일어날 것이다

사 토 무 라 : 최근 중동이나 아프리카에 많은 지원을 하면서 에너지 외교를 하는 곳이 앞서 몇 번 언급된 중국입니다. 그 중국에서 바로 어제 전국인민대표대회가 열렸습니다.

푸틴 수호령 : 그래.

사 토 무 라 : 일본 언론은 중국이 전국인민대표대회에서 '경제 성장률을 조금 낮추어 안정화 노선을 취하겠다' 라는 방침을 발표했다고 보도했습니다.

단, 어제 발표에서 가장 주목할 내용은 '지금의 사회 체제를 지키기 위한 예산을 크게 늘리겠다'

라는 것입니다. 이것은 즉 폭동 진압이나 인터넷 검열 등을 더욱 강화할 것이라는 의미입니다.

그리고 어제 원자바오 총리가 연설에서 '사회주의 사상 체제를 한층 더 강화한다' 라고 언급했습니다.

이런 중국의 움직임에 대해 어떻게 생각하십니까?

푸틴 수호령 : 중국에서는 혁명이 일어날 거야.

사 토 무 라 : 오오!

푸틴 수호령 : 내 예상으로는 반드시 혁명이 일어날 거야. 체재 유지는 힘들어질 거야.

사 토 무 라 : 그렇습니까?

푸틴 수호령 : 중국은 구소련처럼 되지 않기 위해 20년 이상을 버텨왔어. 하지만 역시 '남쪽의 풍요로움' 대 '그 외 지역의 빈곤함' 의 격차는 앞으로 더 심해질 거야. 남쪽은 경제적 혜택을 누리며 점점 부유해지는데 나머지 가난한 지역들은 가난한 상태 그대로 변화가 없기 때문이야.

이 때문에 일어나는 소요를 경찰력이나 군사력으로 억압하고 있지만, 이제는 한계에 도달했다고 생각해.

그리고 군대가 지도부의 정책에 반발할 가능성도 있어서 지금 새로운 혁명의 리더가 나오는 걸 몹시 우려하고 있어. 다시 말하면, 진압할 수 있는 수준의 시위라든지 폭동 같은 것은 괜찮아.

하지만 사상성이 강하고 그 강한 사상을 널리 전파할 수 있는 리더가 등장한다면, 군대마저 세뇌되어서 군 체계가 무너질 우려가 있어. 군대가 혼란을 겪어 내전이 일어난 적은 역사에서 몇 번이나 있었어. 이 일은 가까운 시일 내에 일어날 일이야.

나는 '모든 사람에게 미움 받을지도 몰라' 라고 생각하면서도 중국에서 혁명이 발생해 내전 사태가 벌어질 것에 대비해 러시아 정치를 확고히 해두는 편이 좋겠다고 생각하기 때문에 대통령 선거에 다시 한 번 나온 거야.

사 토 무 라 : 맞습니다.

푸틴 수호령 : 그리고 러시아 정치를 확고히 해두는 편이 세계

에도 좋을 거야.

사 토 무 라 : 예.

♣ 러시아는
혼자서 중국을 요리할 힘이 없다

츠 이 키 : 중국을 상대로 무언가 공작을 한다든가 하는 생

각은 안 하십니까?

푸틴 수호령 : 원래는 말이지, 러시아와 중국은 둘 다 공산주

의 국가로 같은 데서 출발했는데 도중에 사이가

나빠졌어. 현재 러시아 정부와 중국 공산당은

조금 달라.

중국과 달리 우리가 러시아 정교회를 부활시킨

것도 한 가지 원인으로 작용했어. 앞서 이야기

하던 이란 문제로 돌아가면, 나도 기독교인이니까 실은 이스라엘을 성지로 남겨두고 싶은 심정이야. 하지만 지금까지 러시아 체제의 흐름상 조금이라도 반대편(이란)을 응원해야 해서 그러는 건 조금 곤란해.

사 토 무 라 : 이 문제와 관련해 중국 편에서 뭔가 특별한 공작을 하고 있습니까? 혹은 앞으로 하려고 합니까?

푸틴 수호령 : 그런 거 같아. 지금 저쪽은 국력 면에서 약간의 상승 기류를 타고 있으니까. 유감스럽게도 러시아는 경제적으로 그만한 상승 기류를 탈 정도로 잘 나가지 않아.

다만, 내가 대통령이 되고 나서 치안 면에서는 상황이 조금 좋아졌어. 치안이 확보되지 않으면 경제도 덩달아 안 좋아지거든. 그래서 치안을 유지하고 경제를 발전시켜서 러시아가 부활하게 하려는 거야. 경제적으로 좀 더 강해진다면 할 수 있겠지만, 유감스럽게도 러시아는 아직 혼자서 중국을 요리할 만한 힘은 없어. 구소련이라면 다르겠지만.

사 토 무 라 : 러시아는 주요 수출품에 석유와 천연가스가 있는데, 중국이 중요한 고객이기도 하지요?

푸틴 수호령 : 그렇지. 중국은 우리뿐만 아니라 세계 어느 곳에서나 다 그래.

사 토 무 라 : 예.

푸틴 수호령 : 중국은 미국에도, 일본에도, 아프리카에도, 어디에든 그런 존재야.

사 토 무 라 : 예.

푸틴 수호령 : 그만큼의 소비가 예상된다는 건 대단한 거야. 특히 '중국의 경제 성장으로 소비가 예상된다' 라는 건 대단한 일이야.

사 토 무 라 : 그렇다면, 러시아는 제조업이 함께 발전하지 못한 점이 중국과 승부를 겨룰 수 없는 이유 중 하나입니까?

푸틴 수호령 : 음. 홍콩 같은 자유 체제의 유지 여부는 차치하고, 사실 홍콩의 자유 체제 자체가 중국 정권 유

지에 대한 비판적 잣대가 되기도 해.

홍콩 같은 자유 체제에서 번영이 존재한다는 것은 곧 중국 체제가 유지되어서는 안 된다는 걸 의미하지. 사실 어떻게 보면 스스로 목을 조이는 것과도 같지.

사토무라 : 러시아는 중국을 전략적 파트너라고 말하면서도 한편으로는 당신은 대만을 국가로 인정하는 듯한 발언을 했는데, 앞에 언급한 생각이 밑바탕에 있었군요.

푸틴 수호령 : 중국이 독주하는 건 역시 곤란해.

사토무라 : 예.

푸틴 수호령 : 확실히 말해서, 독주해서 좋을 나라가 아냐. 세계 전체가 지금의 중국과 같은 국가가 된다면 좋지 않아.

그래서 독주해서는 안 돼. 자신의 국가 안에서만 틀어박혀 있다면 그것도 뭐 어쩔 수 없다고 생각하지만, 다른 나라에 중국식 정치 체제나 사고방식을 수출한 뒤 그 나라를 통제하려는 건 역시 용납할 수 없어.

♣ 시진핑 차기 주석은
경제를 모르는 무력 옹호자

사 토 무 라 : 조금 전에 '지금 중국에 새로운 혁명의 리더가 나온다면……' 이라고 말씀하셨는데, 수호령님의 영적인 관점에서 그럴 만한 싹이 보이십니까?

푸틴 수호령 : 당연하지. 준비하고 있다고 생각해.

사 토 무 라 : 호오.

푸틴 수호령 : 당연히 있는 게 아닐까?

사 토 무 라 : 그 분은 이미 정치가가 되었습니까?

푸틴 수호령 : 다른 나라의 일이라 자세히는 알 수 없지만, 잘은 몰라도 만약 새로운 지도자가 나온다면 당연히 부유한 남부 지역에서 나오겠지?

사 토 무 라 : 그렇습니다.

푸틴 수호령 : 베이징 정부를 타도하려면, 꼭 남부에서 나와야
해.

사 토 무 라 : 그건 역시 자유가 없다면 더 발전해나갈 수 없
기 때문이어서인가요?

푸틴 수호령 : 음, 뭐라고 할까? 뭐, '정치 대 경제' 의 싸움이
야.

사 토 무 라 : 예.

푸틴 수호령 : 먹고 살 수 없게 된다면 인간은 역시 정치를 지
지하지 않으니까.

사 토 무 라 : 그렇죠.

푸틴 수호령 : 정치는 동기고, 경제는 결과야. 즉, 결과인 경제
가 나쁘면 '정치가 나쁘다' 가 되는 거야. 이 부
분이 좀 어렵긴 해. 하지만 나는 차기 주석인 시
진핑이 경제를 너무 모른다고 생각해. 그는 무
장 세력이야. 내 직감에 그는 매사에 승부를 내
려는 경향이 있어.

사 토 무 라 : 과연 그러네요.

츠 이 키 : 예를 들면 '어떤 수를 쓸 것인가? 라든지, 그런
전망은 있습니까?

푸틴 수호령 : 사고방식이 너무 고착된 것 같아. 다시 말하면
영토를 가지면 부가 늘어난다는 제국주의 식의
사고방식인 것 같아. 그런 느낌이 들어.
실제로 지금 난사(南沙)군도나 시사(西沙)군도를
장악하려고 하고, 일본의 센카쿠 열도도 가지려
고 하잖아. 그런 모습을 보면 영토를 확장해서
자원을 늘리는 것이 곧 국부를 키운다고 생각하
는 것 같아. 혹시 이 사람은 제3차 산업을 이해
하지 못하는 것 아닐까 하는 생각도 든다니까.

사 토 무 라 : 그렇군요.

푸틴 수호령 : 아마도 그런 것 같아. 그의 그런 부분이 문제야.

구 로 카 와 : 푸틴 대통령은 같은 무장 세력이지만 다르시군
요.

푸틴 수호령 : 나는 친일파라 그와 다른 거야.

05

러시아 경제 발전의
목적은 무엇인가?

다양한 사업을 전개하고 싶다

구 로 카 와 : 지금 러시아는 자원 의존형 경제입니다만, 앞
으로 무언가 새로이 일으켜나가고자 하는 산업
이 있습니까?

푸틴 수호령 : 역시 일본계 기업이 들어오면 좋겠어. 그래서
합작 형태이더라도 좋으니까 다양한 사업을 전
개해 보고 싶어.

사 토 무 라 : 어제 도쿄 주식 시장에서 러시아 관련 기업의
주가가 올랐습니다.

푸틴 수호령 : 그거야 당연하잖아?

사 토 무 라 : 예. 푸틴 대통령에 대한 정계의 기대감도 매우
높습니다.

푸틴 수호령 : 그럴 거야. 그래서 모두 러시아어 공부를 좀 더
해주었으면 해. 다들 영어만 공부하니까 말이
야. 러시아어로 말할 수 있는 사람이 없어서 거

래가 이루어지지 않는 거야.

사 토 무 라 : 그러네요.

푸틴 수호령 : 자네 단체는 좀 게으르지 않아? 옴진리교 같은 의심스러운 종교도 모스크바를 중심으로 짧은 기간에 3만 명이나 신자로 만들었어. 자네들은 러시아에 신자가 전혀 없잖아. 대체 뭘 한 거야?

사 토 무 라 : 아니, 그건 좀……

푸틴 수호령 : 그들은 말이야. 일회용 주사침을 백만 개나 기부하면서 슬그머니 다가왔어. 그리고 더 깊숙이 침범해 왔던 거야.

사 토 무 라 : 예.

푸틴 수호령 : 글쎄, 러시아어도 못 하는 주제에 비집고 들어와서 부총리까지 만났다니까.

사 토 무 라 : 맞아요. 그건 좀…… 국제 정보기관이나 국제 첩보원 같죠.

푸틴 수호령 : 그들과 비교하면 자네 단체는 너무 늦었어. 20년 정도 뒤처지는 거잖아? 어떻게 된 거야!

사 토 무 라 : 아니, 이제부터 어디든 점점 들어가 보고 싶다

는 생각입니다.

츠　이　키 : 예. 그렇습니다.

푸틴 수호령 : 어찌됐든 자네는 내일부터 러시아어를 공부해!

사 토 무 라 : 예. 저도 스파시바(러시아어로 '감사합니다')라든

지 러시아어를 아주 조금은……

♣ 러시아의
좋은 이미지를 내세울 필요가 있다

츠　이　키 : 합병을 추진하면서 우려되는 것이 있습니다.

예를 들어, '사할린 2(러시아 사할린 섬 앞바다를 대

상으로 하는 대규모 석유, 천연가스 채굴 사업)'는

1990년대에 일본이 맺었던 계약의 결과가 반대

로 뒤집혀서 러시아 측 기업에 권리를 빼앗긴

형세가 되었습니다. 이에 대해 저희는 법치주의

로 비즈니스를 하기 때문에 '법률에 근거한 계

약이 제대로 이행되는지'를 굉장히 중요시하게 되었습니다.

푸틴 수호령 : 아니야. 일본인은 러시아인에게 불신감이 있어.

츠 이 키 : 예, 예.

푸틴 수호령 : 제2차 세계대전이 끝났을 때 60만 명이 강제 연행되었다거나 10년 동안 억류되었다는 등의 내용을 쓰는 소설가도 나와서 우리가 나쁜 이미지로 많이 알려졌어. 매우 나쁘고 형편 없는 국가로 알려졌기 때문에 우리를 좋은 이미지로 홍보해 주어야 해.

사 토 무 라 : 예, 좋습니다.

푸틴 수호령 : 언어의 장벽이 높아서 조금 어려울 거라고 염려되지만, 지일파(知日派 : 일본인이 아니면서 일본 각 분야에 대한 지식과 경험이 풍부하고 일본 문화에 박식한 외국인)에게 우리를 좀 더 잘 선전해야겠어.

♣ 러시아 경제 부활의 배경에 있던 것은
대규모 감세

사 토 무 라 : 푸틴 대통령은 지난번 대통령 임기 중에 예를 들어 소득세를 일률적으로 13퍼센트로 정하셨습니다.

푸틴 수호령 : 맞아.

사 토 무 라 : 물론 러시아 경제가 부활한 배경에는 천연자원의 가격 상승 요인 덕도 있습니다. 하지만 경제가 어려운 시기에 법인세 등의 대규모 감세 정책을 추진하셨습니다.

푸틴 수호령 : 일본인은 그런 것을 잘 모르지?

사 토 무 라 : 오늘날 일본은 그와 반대입니다. 국가가 어려울 때 오히려 증세를 적용합니다. 이에 대해 어떻게 생각하십니까?

푸틴 수호령 : 이봐, 일본에 나 말고 다른 '제왕' 이 있는 것 아냐?

사 토 무 라 : 네?

푸틴 수호령 : 일본에는 '미꾸라지 제왕'이 있어.

사 토 무 라 : 미꾸라지 제왕 말입니까?

푸틴 수호령 : 응. 미꾸라지 제왕 말이야. 최고의 미꾸라지가
있구나.

사 토 무 라 : (웃음) 조금 무서운 느낌이네요.

푸틴 수호령 : 모든 사람을 진흙탕으로 끌고 들어가는군.

사 토 무 라 : 예.

푸틴 수호령 : 뭐, 단순한 세법이지만, 곱셈을 하면 계산상 세
수가 늘어나.

츠 이 키 : 예, 예.

구 로 카 와 : 푸틴 대통령님이 대단한 점은 세계보다 앞서서
일률 과세를 도입했다는 점입니다.

푸틴 수호령 : 자네, 조금은 이해하는가?

구 로 카 와 : 예.

푸틴 수호령 : 내가 의외로 수재야.

구 로 카 와 : 예. 경제 분야에 굉장히 정통하십니다.

푸틴 수호령 : 그래서 이건 내가 KGB로서는 너무 우수한 것

이지.

구 로 카 와 : 예. 그렇군요.

사 토 무 라 : 예. 너무 우수하십니다.

푸틴 수호령 : 너무 우수하지. 원래는 못 하는 일이지만 나는 서방 국가에 대해 제대로 공부했어.

구 로 카 와 : 경제 개혁에 손을 댄 것은 정말 대단하다고 생각해요.

푸틴 수호령 : 구조 개혁을 한 거야. 고르바초프는 인기만 있었지 사람이 멍청했어. 그의 임기 중에 러시아가 엉망진창이 되어버려서 다시 일으켜 세우기가 정말 어려웠어.

뭐, 경제적으로도 개발이 필요한 곳들이 있어. 이쪽저쪽 진짜 많네. 그러니까……

구 로 카 와 : 그곳에 일본 자본이나 기술이 필요한 거군요.

푸틴 수호령 : 그렇지.

♣ 중국의 군사 독주가 멈추면 러시아는
경제 발전 상태로 전환될 수 있다

푸틴 수호령 : 중국의 군사 독주가 멈추면 우리도 무장 해제할 수 있으니까 그들을 멈추게 하고 싶어.

사 토 무 라 : 아아.

푸틴 수호령 : 군비 비중이 높아지면 역시 경제를 압박하게 돼. 러시아는 이미 핵무기를 너무 많이 가지고 있어서, 더 이상 높이지 않아도 괜찮아.

츠 이 키 : (웃음)

푸틴 수호령 : 전쟁할 상대가 없다면 핵무기는 특별히 필요하지 않으니까.

사 토 무 라 : 그렇다면 러시아의 무장 해제와 중국의 군사 독주 저지는 일맥상통하나요?

푸틴 수호령 : 그렇지. 한 묶음으로 생각할 수 있어.

즉, 저쪽이 군사 독주를 멈추고 전쟁이 발생할 가능성이 사라진다면 우리도 무장 해제를 하거나 경제 발전 쪽으로 전환할 거니까.

사 토 무 라 : 역시 그렇군요. 세계의 군사·외교전문가들은
모두 '러시아는 미국과의 관계로 군비 감축이
이루어진다' 라고 언급합니다. 하지만 실제로는
미국이 아닌 중국과의 관계로 결정되는 건가요?

푸틴 수호령 : 일단 냉전이 끝난 상태라 난 미국과 싸울 생각
이 없어.

사 토 무 라 : 예.

푸틴 수호령 : 미국과의 관계는 몰타 회담에서 이미 끝난 일
이야.
지금은 중국과 힘을 합해서 미국과 싸우고 싶다
라는 생각이 안 들 정도로 워낙에 중국과 사이
가 안 좋아.

사 토 무 라 : 예.

푸틴 수호령 : 구체제가 어느 정도 남아 있을 뿐, 서로 사이가
안 좋아. 그리고 내 체제는 달라. 난 기본적으로
종교의 자유를 인정하니까 중국과는 달라.

사 토 무 라 : 예. 예.

푸틴 수호령 : 그런 의미에서 나는 기독교권과도 제대로 이야
기가 통하는 사람이야.

♣ 지금 일본의 토착 신앙인
신도의 신들과 교류를 계획하고 있다

사 토 무 라 : 당신은 독실한 러시아 정교회 신자군요.

푸틴 수호령 : 응, 그래. 나는 하나님의 존재를 믿어.

사 토 무 라 : 위장이 아니라 정말 진심으로 믿으십니까?

푸틴 수호령 : 이봐. 나는 하나님의 존재를 믿으니까 이렇게
제대로 종교단체에 내려올 수 있는 거야.

사 토 무 라 : 그러네요.

푸틴 수호령 : 난 악마가 아니야!

사 토 무 라 : 예, 알았습니다.

외국인 정치가의 수호령이 내려와 이렇게 일본
어를 유창하게 구사하시는 분을 만나 뵙는 것은

오랜만입니다.

푸틴 수호령 : 그래. 당연하지. 그래서 일본 신도의 신들과 교류하려고 지금 열심히 계획을 짜고 있다니까.

츠 이 키 : 그렇습니까?

사 토 무 라 : 맨 처음에 나오셨을 때, 제가 일본 신도(神道)의 신들에게 예의를 표하기 위해 손뼉을 치신 줄 알았습니다.

푸틴 수호령 : 아니. 자네는 맨 처음에 손뼉을 치지 않았지만, 사이좋게 지내고 싶군. 하지만 러시아어를 말하는 사람이 적기 때문에 이 부분은 역시 어쩔 수가 없네. 정치에서든 경제에서든 이 언어 문제가 장애물이야. 러시아어가 가능한 사람은 외교관일지라도 이미 이류, 삼류로 전락하고 말았어. 그러니까 모두 러시아어 하기를 싫어하겠지? 대부분 사람이 아랍어도 할 수 없고 이제 영어밖에 못 하는 상황이지만 혹시 다시 한번 러시아어 배우기 열풍이 일어나지 않을까?

사 토 무 라 : 저희 행복실현당에서 '러시아어 강좌' 를 연다

든지……

츠 이 키 : 그러면 좋을 것 같네요. 러시아는 브릭스(BRICs : 브라질, 러시아, 인도, 중국)의 한 국가로서 앞으로 경제 성장에 대한 기대감도 매우 높습니다.

푸틴 수호령 : 일본은 기술이 있어. 하지만 자원이 없고 국토 면적은 좁지. 그렇다고 따로 '식민지를 만들어라' 하고 말하는 건 아냐. 일본이 미국이나 아시아 국가와 함께 합작형 공장을 많이 세우듯이 러시아와도 관계가 좋아지도록 무언가 해야 하지 않겠어?

츠 이 키 : 예, 그렇죠.

러시아 경제 발전의
목적은 무엇인가?

06

종교와 민족 문제를
어떻게 생각하는가?

공산주의는 양립하지 않는다

사 토 무 라 : 이제 시간이 거의 다 되어가네요. 그렇다면 푸틴 대통령님이 목표로 하는 것은 결코 '소련의 부활' 은 아니라는 말씀이시군요?

푸틴 수호령 : 유감스럽게도 그렇게는 할 수 없어. 불가능해.

사 토 무 라 : '푸틴 대통령은 도중에 공산주의를 버렸다' 라는 설도 있습니다. 마르크스주의에 공감하십니까?

푸틴 수호령 : 그런데 기본적으로 '공산주의' 와 '하나님에 대한 신앙' 은 양립할 수 없잖아?

사 토 무 라 : 예. 양립하지 않습니다.

푸틴 수호령 : 나는 둘 중에 어느 쪽을 택할 것이냐고 묻는다면, 거짓말은 못 해.

사 토 무 라 : 예.

푸틴 수호령 : 나는 하나님을 믿기 때문에 교회에 가서 기도하

는 걸 정말 좋아하고, 교회의 재건을 위해 열심
히 애쓰고 있어. 이런 점을 잘 봐 주었으면 해.
이건 선전하기 위해서 그러는 게 아니야.

사 토 무 라 : 그렇다면 지향하는 바가 구소련이나 옛 러시아
제국의 부활은 아니군요.

푸틴 수호령 : 하지만 나는 러시아 국민을 비참한 상황에 전락
시키고 싶지 않아. 그들은 예전과 같이 일류 국
가 국민이라는 자긍심을 계속해서 느끼고 싶어
할 테니까.

사 토 무 라 : 예.

♣ 소수 민족을 박해할 생각은 없지만

국가의 구심력 저하는 피하고 싶다

구 로 카 와 : 푸틴 대통령은 '강한 러시아' 를 지향하시는데
이는 최종적으로 '민주주의 국가, 자유주의 국

가'를 목표로 하시는 건가요? 아니면, 역시 독재적인 부분도 남겨 놓은 강한 국가를 목표로 하시나요?

푸틴 수호령 : 자네들이 아직 모르는 부분이 있어. 바로 민족 문제야.

츠 이 키 : 예, 그렇군요.

푸틴 수호령 : 러시아는 공화국이 많은데 각기 민족이 다르고 말도 매우 달라. 그래서 사실 이들을 통합한다는 것은 정말 어려운 일이야.

인도처럼 말이 달라도 한 국가를 이루는 곳도 있긴 해. 하지만 무언가로 통합되어야 해.

경제적 이익으로 통합되든지, KGB 같은 권력 기구로 통합되든지 하는 식으로 말이야. 또는 종교로 통합되거나. 어찌됐든 꼭 무언가를 통해 하나로 합쳐져야 해

사 토 무 라 : 저희는 러시아 정교회를 포함하는 매우 큰 '지구신(地球神)'이라 불리는 존재에 대한 믿음으로 모두 하나로 합쳐질 수 있다고 믿습니다.

푸틴 수호령 : 자네 말이지, 러시아에 자네 단체의 신자들이 몇 십 명이나 있다고 그렇게 말하는 건가? 옴진리교에 20년이나 뒤처졌으면서 무슨 소릴 하는가?

사 토 무 라 : 저희는 옴진리교와는 다르고, 다양한 국가 전략이 얽혀 있기 때문에……

츠 이 키 : 러시아 국내에는 이슬람교도도 꽤 있을 것으로 생각됩니다만……

푸틴 수호령 : 있지.

츠 이 키 : 이슬람교에 대해 어떻게 생각하십니까?

푸틴 수호령 : 말을 잘 듣지 않으니까, 내전(內戰)이 일어나기가 쉬워.

츠 이 키 : 예.

푸틴 수호령 : 종교가 다르면 말을 잘 듣지 않게 돼. 그렇게 되면 내전(內戰)이 일어나기 쉽지. 그래서 이곳은 좀 다루기 어려운 곳이야.

하지만 문명론적 관점에서 볼 때 역시 기독교권이 우위에 있다는 건 분명해. 그래서 모두 박해

할 생각은 없어. 그렇더라도 풍습의 차이로 나라가 나뉘어 서로 멀어지는 건 피하고 싶어. 즉 각기 관습이 다르기 때문에 한 국가가 될 수 없다는 상황은 피하고 싶어.

중국이 아직 한 나라로 합쳐져 있는 이상, 우리가 뿔뿔이 흩어져서 힘이 약해진다면 별로 좋지 않아.

사 토 무 라 : 그렇다면 정말 중국과의 관계에 달렸군요.

푸틴 수호령 : 시진핑의 전생이 칭기즈칸이라는 자네들 말이 사실인지는 모르겠지만, 만약 그가 러시아까지 침범할 정도의 기세나 의도가 있다면 이야기는 달라져.

사 토 무 라 : 시진핑은 꼭 중앙아시아까지 갈 것입니다.

푸틴 수호령 : 그렇게 되면, 러시아의 남은 미사일은 전부 방향을 조정해야겠네. 미국 쪽에서 '아래쪽' 으로 말이야.

사 토 무 라 : 역사상 중국이 커질 때는 남쪽과 북쪽으로 동시에 진행합니다. 그래서 그들은 반드시 러시아

쪽으로 향할 것입니다.

푸틴 수호령 : 음, 그래?

사 토 무 라 : 예.

푸틴 수호령 : 그렇다면 우리도 영구동토(永久凍土 : 1년 내내 항상 얼어 있는 땅으로 여기서는 시베리아 땅을 의미함)에서 매머드의 유전자를 채취해 부활시켜야겠군.

사 토 무 라 : 예(웃음).

종교와 민족 문제를
어떻게 생각하는가?

07

푸틴 대통령의
놀라운 과거세

인연이 있다

사 토 무 라 : 마지막 질문이 되겠습니다. 오늘 말씀을 듣고
　　　　　　 굉장히 믿음직스럽다는 느낌이 들었습니다.

푸틴 수호령 : 믿음직스럽지?

사 토 무 라 : 예. 유도인의 이미지를 뛰어넘어 어마어마한 힘
　　　　　　 이 느껴졌습니다. 게다가 아까도 말씀드렸지만,
　　　　　　 예상 밖으로 일본어로 말씀을 나눌 수 있어서
　　　　　　 '푸틴 대통령의 수호령은 대체 어떤 존재일까?'
　　　　　　 라는 생각을 했습니다.

푸틴 수호령 : 음…… 지금 자네는 신들이 있는 신전의 가장
　　　　　　 깊숙한 곳까지 들어오려고 하는군.

사 토 무 라 : 예, 예.

푸틴 수호령 : '러시아 제왕'의 비밀을 파헤치려고 하네?

사 토 무 라 : 예. 그렇습니다.

푸틴 수호령 : 자네, 지금 공짜로 나를 파헤치려는 거야?

사 토 무 라 : 아닙니다.

푸틴 수호령 : (물이 담긴 잔을 들며) 고작 물 갖고 나를 파헤치려고 한다고(강연회장 내 웃음)?

사 토 무 라 : 아닙니다. 그건 말도 안 되는 거죠.

푸틴 수호령 : 그런 걸 가지고는 안 돼. 보드카 정도는 있어야지. 보드카 정도 말이야, 알았어?

사 토 무 라 : (웃음) 아니, 그렇게는 못 합니다.

츠 이 키 : 저는 일본과 러시아의 관계 강화를 위해 노력하겠습니다.

사 토 무 라 : 저는 오늘 밤부터 러시아어 공부를 열심히 하겠습니다.

푸틴 수호령 : 보드카도 안 내놓고 달랑 물 한 잔으로 러시아 제왕의 있는 그대로의 모습을 파헤치려고 하다니, 있을 수 없는 일이야.

사 토 무 라 : 앞으로 러시아와 좀 더 가까워지겠습니다.

푸틴 수호령 : 그래서 친하게 지내려고 오늘의 대화를 책으로 만들어서 천 몇 백 엔 정도의 낮은 가격에 팔려는 거야?

사 토 무 라 : 아닙니다.

구 로 카 와 : '일본 신도의 신들과 교류가 있다' 는 점으로 보
아 역시 러시아의 신으로 계신 거군요.

푸틴 수호령 : 어?

사 토 무 라 : 오늘 심상치 않은 기운을 느꼈습니다.

푸틴 수호령 : 느낀 거야?

사 토 무 라 : 예.

푸틴 수호령 : 음, 그 직감은 정확하네. 정말 정확해.

사 토 무 라 : 감사합니다.

푸틴 수호령 : 음, 그 직감은 정확하네.

사 토 무 라 : 어떤 분이십니까?

푸틴 수호령 : 음…… 뭐, 일본과 인연이 있는 건 분명해. 그건
확실히 말해 놓지.

사 토 무 라 : 일본과 인연이 있으시군요.

푸틴 수호령 : 인연은 있지만, 그런 걸 말해도 괜찮은지 좀 판
단하기 어려운 부분이 있어서 말하기 곤란해.

사 토 무 라 : 아.

츠 이 키 : 일본 사람들에게 친러 감정을 높일 수 있는 하

나의 계기가 될 것으로 생각합니다.

푸틴 수호령 : 음…… 그런데 기독교권에서는 전생윤회를 믿지 않아서 말이야. 이런 이야기를 해서 내 영언의 신뢰도가 떨어지면 어쩌지? 그 부분이 좀 신경 쓰여. 흠……

사 토 무 라 : 과연, 그러네요.

♣ 내 과거세는
8대 장군 도쿠가와 요시무네

구 로 카 와 : 러시아에 대한 일본인의 관점을 바꿔서 두려움을 없앨 수 있도록 꼭 알려 주시기 바랍니다.

푸틴 수호령 : 음…… 뭐, 알겠어. '최근 그쪽 세계에 약간의 영감(靈感)이 생겼다' 라는 소문이 있던데.

사 토 무 라 : 예.

푸틴 수호령 : 그럼 정답을 향해 질문을 해봐. 질문해서 정답

가까이에 오면 '가깝다' 라고 대답해 줄게.

사 토 무 라 : 일본 전국 시대에 태어났습니까?

푸틴 수호령 : 전국 시대라. 틀렸어.

사 토 무 라 : 그렇다면 신대(神代) 시대입니까?

푸틴 수호령 : 아니야. 틀렸어.

사 토 무 라 : 그럼 메이지 유신 시대 이후입니까?

푸틴 수호령 : 아니야, 그 시대 무렵은 아니야.

구 로 카 와 : 에도 시대입니까?

푸틴 수호령 : 음?

구 로 카 와 : 에도 시대입니까?

푸틴 수호령 : 음?

구 로 카 와 : 에도 시대입니까?

푸틴 수호령 : 뭐?

사 토 무 라 : 네?

구 로 카 와 : 에도 시대……

푸틴 수호령 : 어? 보드카! 보드카를!

사 토 무 라 : 에도 시대군요. 도쿠가와입니까?

푸틴 수호령 : 음? 음……

사 토 무 라 : 도쿠가와 이에야스입니까?

푸틴 수호령 : 아니야. 그렇지 않아. 그 정도로 깊은 인연은 아니야.

'내가 전생에 도쿠가와 이에야스였다' 라고 하면 모든 일본인이 화를 내겠지만, 그럴 일은 없어.

사 토 무 라 : 그렇습니까?

푸틴 수호령 : 응. 이에야스는 아니지만……

츠 이 키 : 장사를 했습니까?

푸틴 수호령 : 장사? 미안하게도 장사를 하지는 않았어.

사 토 무 라 : 역시 높은 지위에 계셨습니까?

푸틴 수호령 : 음. 그래. 일정한 지위가 있었지.

사 토 무 라 : 장군님이셨습니까?

푸틴 수호령 : 음. 핵심에 근접했어.

사 토 무 라 : 음, 그분은……

푸틴 수호령 : 왠지 풀만으로는 좀…… (강연회장 내 웃음) 아무래도 좀……

사 토 무 라 : 대강 알았습니다. 8대 장군 요시무네 장군님.

푸틴 수호령 : 알았구나?

사 토 무 라 : 예.

츠　이　키 : 오오!

푸틴 수호령 : 그래.

츠　이　키 : 정말 놀랄 일입니다!

사 토 무 라 : '망나니 장군' 이 계시다는 것에 정말 든든하다
　　　　　　는 생각이 듭니다.

푸틴 수호령 : 과거세에 나는 일본에서 공부했기 때문에 일본
　　　　　　어 실력이 유창한 거야. 당연한 거잖아?

사 토 무 라 : 아!

푸틴 수호령 : 하지만 경제와 정치에 한판승 기술을 쓰기는 어
　　　　　　려워.

일본에 복음 같은 존재

사 토 무 라 : 21세기 세계는 미국과의 관계도 신경 쓰면서 동시에 일·러 관계는 좀 더 강화하고 중국은 제압하는 방식으로 바뀔 것입니다.

푸틴 수호령 : 응. 그래서 내가 대통령이 된 건 자네들에게는 복음이야. 이것만큼은 말해 둬야겠어. 절대적으로 복음이라고 생각해.

중국의 위협에 떠는 지금의 일본에 러시아 대통령으로 친일파가 당선된 것 이상으로 든든한 일은 없어.

사 토 무 라 : 예.

구 로 카 와 : 중국의 민주화와 자유화를 촉진하는 데 힘이 되어줄 것으로 생각합니다.

푸틴 수호령 : 글쎄, 거기까지 여력이 있을지는 좀……

구 로 카 와 : 일본과 러시아의 관계가 깊어진다면 그렇게 될

겁니다.

푸틴 수호령 : 그러니까 러시아 내에서 푸틴 반대 시위가 멈춰
지도록 내가 좋은 사람이라고 말해 줘.

구 로 카 와 : 예. 응원하겠습니다.

푸틴 수호령 : 사람들한테 나는 악의 제왕으로 죽을 때까지 독
재하며 모든 사람을 죽음으로 몰아넣고 싶어하
는 그런 사람이 아니라고 전해 줘. 그런 사람이
아니라고. 카다피나, 그 누구더라? 이라크의 그
…… 누구지?

사 토 무 라 : 후세인입니다.

푸틴 수호령 : 맞아. 후세인과는 다르다는 걸 알려 줘.

사 토 무 라 : 예. 확실히 전하겠습니다.

푸틴 수호령 : 경제 체제는 경제를 다시 살릴 것이고, 확실한
금령이나 포고를 선포하면 사람들의 도덕성을
함양시킬 거야. 이외에도 여러 가지 일을 하지
만 '일본인이 보기에 내가 그렇게 열등한 인재
는 아니다' 라는 것만 꼭 알아 주면 좋겠어.

사 토 무 라 : 예.

푸틴 수호령 : 나는 일본인이 봐도 존경할 만한 인물인 거야.

츠 이 키 : 예, 그렇습니다.

푸틴 수호령 : 그러니까 '2000년 이후에 푸틴이 러시아의 저
널리스트 20명을 암살했다' 라는 소문이 떠돌아
도 그건 거짓말이야. 나는 쩨쩨한 남자가 아니
라서 그런 짓은 안 해. '저널리스트를 20명 죽
이고 황제 자리를 유지한다' 라는 얘기는 음모
설이니까 그런 건 믿으면 절대 안 돼.

츠 이 키 : 그렇다면 영국에서 리트비넨코 씨가 폴로늄으
로 독살된 사건은 다른 맥락으로 이해해도 될
까요?

푸틴 수호령 : 그런 세세한 이야기까지 늘어 놓지 마.

츠 이 키 : 죄송합니다. 실례했습니다.

푸틴 수호령 : 러시아 황제는 마음만 먹으면 수천만 명도 죽일
수 있으니까. 그런 세세한 일까지 장황하게 말
하지 마.

츠 이 키 : 예, 실례했습니다.

푸틴 수호령 : 하지만 '그럴 의도나 생각도 없다' 는 건 분명히

말해 두고 싶어.

츠 이 키 : 예. 잘 알았습니다.

08

북방 4도
반환의 조건

북방 4도
반환의 조건

사 토 무 라 : 마지막으로 당수께서 질문이 있다면 하시길 바랍니다.

츠 이 키 : 글쎄요. 러시아 푸틴 대통령의 수호령님, 마지막으로 전달하실 메시지가 있다면 부탁합니다.

푸틴 수호령 : 북방 4도를 반환할 생각은 있어. 하지만 그냥 돌려 주었다는 소문이 돈다면 역시 여기저기에서 심한 반대 시위가 일어날 테니까 그렇게 할 수는 없어. 자네들은 러시아가 반환하는 대신 그에 어울릴 만한 것으로 무엇을 내놓으면 좋을지, 어떻게 해야 러시아 국민이 이해할지를 잘 생각해 줘.

츠 이 키 : 예.

푸틴 수호령 : 그것을 염두에 두고 계산의 이치를 맞춘다면, 양쪽에 모두 이익이야. 우리는 말이야. 영토가

넓어서 그곳은 필요 없는 땅이야.

특별히 필요한 것도 아니고 중요하지도 않아.

그곳이 없으면 어업 자원을 못 얻는 것도 아니니 섬을 팔아도 상관없고, 그냥 줘도 괜찮아.

일본 입장만 생각할 게 아니라 '어떤 식으로 하면 러시아에서 폭동이 일어나지 않도록 이해시킬 수 있을까?'를 생각해 줘. 우리가 점령했던 곳이 많아서 여기 말고도 다른 나라들이 '돌려줘!'라고 말할 만한 곳이 많아. 아마 자신들은 러시아와 '민족이 다르다', '종교가 다르다'는 곳이 꽤 있을 거야. 그래서 이곳저곳에서 저마다 '우리도 일본처럼 돌려줘!'라고 얘기해 온다면 우리는 난처해져.

그러니까 어떻게 차별화할 것인가 하는 전략을 세워야 해. 이때 일본의 차별화 전략은 꼭 필요해. 왜 일본에 그런 특별한 대우를 해줘야 하는지에 대해 확실한 논리를 세워 준다면 고마울 거야.

사 토 무 라 : 그 부분에 대해서는 저희 쪽에서 제대로 대응하

　　　　　겠습니다.

츠 이 키 : 그렇습니다.

푸틴 수호령 : 응. 자네들만 할 수 있는 일이야.

츠 이 키 : 예.

푸틴 수호령 : 구태의연한 정치 세력인 자민당도 할 수 없고,

　　　　　민주당은 분명히 생각조차 못할 테니까.

사 토 무 라 : 예. 오늘은 정말 바쁘신 와중에도 여기까지 강

　　　　　림해 주서서 감사합니다.

츠이키, 구로카와 : 감사합니다.

푸틴 수호령 : 자, 그럼 이만. 나도 고마웠어.

오오카와 류우호오 : 예. 오늘 정말 의외였습니다.

중국의 패권주의에 대한 행복의 과학의 포위망 전략이 이제 곧 완성될 것이다. 남은 것은 한국과 다른 아시아 국가들과 안보 관계를 강화하는 일이다.

지난 몇 년 동안 우리 종교법인 행복의 과학과 정당인 행복실현당은 일본 국민의 생명, 재산, 안전을 지키기 위해 싸워왔지만, 아직도 대부분 국민은 우리의 진의와 뜻을 알지만 받아들이지 않고 있다.

그러나 일본에는 아직 '빛'이 있다. 그리고 '미래'가 있다. 그것은 곧 세계를 이끌어나가는 것을 의미한다. 나는 그 '빛'의 의미를 전파하기 위해 '불석신명(不惜身命 : 몸과 목숨을 아끼지 않고 열심히 임하는 자세를 의미함)'의 자세로 지금껏 싸워왔다. 아직 결과가 나타나지는 않았지만, 나는 앞으로도 구세주로서, 세계의 교사로서 부끄럼 없는 삶을 살아갈 생각이다.

2012년 3월 13일

국 사

오오카와 류우호오

러시아의 신임 대통령
푸틴과 제국의 미래

2012년 7월 5일 제1판 1쇄 발행

지은이/오오카와 류우호오
옮긴이/안미현
펴낸이/강선희
펴낸곳/가림출판사

등록/1992. 10. 6. 제4-191호
주소/서울시 광진구 중곡2동 161-27 경남빌딩 5층
대표전화/458-6451   팩스/458-6450
홈페이지/ www.galim.co.kr
전자우편/galim@galim.co.kr

값 7,500원

ISBN 978-89-7895-368-9 03340
ISBN 978-89-7895-365-8 04340(세트)